尋食記

鞭神老師的超時空台灣美食

鞭神老師（李廼澔）著

名家推薦

追讀鞭神老師多年，從網路到著作，對其於食物的上知天文下知地理、古往今來四面八方歷史源流門道掌故之博聞通曉，衷心佩服不已。而繼前作《百年飯桌》、《百年和食》之後，此書將視角轉投你我周遭，從台北街頭常民之食與食館食肆出發，娓娓敘述其中身世故事梗概與心得喜好論較。

頗動我心是，因鞭神老師之向來專注著眼與專擅領域緣故，台灣飲食的大江南北多元融匯面貌與成形軌跡分外歷歷書中，讀之垂涎，味蕾眼界均大開。

——葉怡蘭／飲食生活作家、《Yilan美食生活玩家》網站創辦人

害羞的李老師和中文不夠流利的我，其實在吧台的時候不太會聊天。他總是迅速的吃下我捏的壽司，偶爾問問我產地在哪裡。在我們彼此認識十年以上的時間裡，他的舌尖無疑累積了豐富的味覺記憶。我和李老師之間，也許就是這樣透過「壽司」這個共同語言，來了解彼此，相互累積知識，建立起情誼。

——野村裕二／鮨 野村（のむら）店主

第一次聽到鞭神老師的大名，是在一家專賣眷村菜的私廚餐廳，我追問河南蒸麵為什麼有炒麵口感？然後主廚告訴我，鞭神知道這道菜，而且大江南北的料理他都知道，也經常在家神還原這些味道。

之後追上了鞭神老師的ＦＢ，也跟上了他一本本的著作，並邀請他上節目聊美食，發現鞭神有酷似日本漫畫美男的外型，面對美食的態度卻像名偵探柯南，以他優異的中英日等多國語文能力，上窮碧落下黃泉，為他所接觸過的美食進行身家調查。

《尋食記》不完全是美食考古文，還有更多經驗之談。然而，源起很重要，不光是這塊土地，生活在這塊土地上的人，以及這些落地生根，你我熟悉的台灣美食。

——王瑞瑤／中廣流行網超級美食家主持人

［推薦序］

記憶中的味道才是王道

陳鴻／台灣知名美食節目主持人、亞洲美食天王、
明新科大旅館管理與廚藝創意學系副教授

後疫情時代不能再盲從的出國，反而讓大家有時間看見不一樣的台灣。我常說，台灣最了不起的就是有多元不同樣貌的社區文化，無論從傳統市場到特色小吃店都體現於生活中。更特別的是，很多庶民小吃都是從度小月——只是想在過度時期增加收入的出發點——開到世襲老店，這些ＣＰ值高的美味關係，成為我們用味道認識周遭環境的關鍵因素。

我很喜歡鞭神老師像個好奇心重的資優生來深扒在地美食，加上

他有西方文學的功夫底子，把台灣小吃重新演繹，賦予更華麗的意境，把庶民美食形容成為另一種凡爾賽思想。這是我看過美食文字敘述者繼唐魯遜、逯耀東幾位大家後，再一次把時代背景跟在地文化藉由美食體現出真正深刻的印象。

正當很多人都在追求網美文化的同時，這本書的誕生說明了「簡約飲食，饒富味道」的價值觀。過去很多美食家都大推「賣麵炎仔」的切仔麵及黑白切的品味，從鞭神老師大膽篤定的說切仔麵的故鄉在蘆洲，我就知道他肯定真正了解炎熱大太陽下的在地社區文化，為什麼會衍生出切仔麵的特色：一整排大榕樹下、傳統市場的一日生活圈，那兩片泡在鹽水裡的瘦肉片滋味以及當地人情味，被他形塑出同中有異、互相欣賞的多樣性。一位跨界的文學作家帶著像頑童一樣的好奇心真正的去了解美食，有別於其他的部落格寫手吃人嘴軟拿人手軟，為了牽就業配文而沒了自己的原則。江山代有人才出，真是很棒啊！

無論從日治時期也好，或一九四九年遷徙來台的地方菜系，加上新住民異鄉料理，台灣在地食材經過演化、改良，儼然將巷弄打造成一個美食界的迪士尼樂園，多元且充滿趣味。每個人都有自己心目中的米其林，姑且不論米其林餐盤推薦的標準，我覺得這本書最重要的是讓台灣民間小吃展現出這塊土地的生活美學。

過去太多介紹美食的人，不是有老派文青的氣質，要不然就是像文化流氓般、把個人主觀意識放在與店家關係的互動上。值得注意的是，鞭神老師試著不以主觀的文字，給予食物一種開放且自由的氣質。或是從科普的角度分析，鼓勵更多人回家自學，成為另一種才藝。一個意見領袖正在傳承這些經典的老味道，重新思考如何賦予不同的價值，可讓更多年輕世代一起重新認識老味道，讓老味道順勢從科學的角度更年輕化，就算舊瓶裝新酒也好。

我常覺得現代人取得美食太方便，隨便叫一個外送就有，但是如果真的喜歡體會慢生活，在穿街走巷後找到可以感動自己的味道，或找到一個代表自己個性的況味——練就刀功、火候深厚、調味得宜，才能入味；一如人生——才能到達不同層次的境界。這些，才是最幸福的事情。

［自序］

尋食有道 識味為真

一般人多半會同意「吃東西是主觀的」這種說法，因為大多數人都會希望自己被視為一個客觀的人。

的確，像我是一個不喜歡吃甜食的人，如果有人買了他覺得現在公認最好吃的名店肉桂卷給我，我的反應大概不會比吃到一般超市甜食的起伏要大。同樣的，我在吃到用牛油炒出來既香又正宗的重慶火鍋底料時，身邊的朋友往往跟我抱怨太油、太麻，實在吃不下去。

不管是不喜歡吃肉桂卷，或是著迷於油亮麻香的重慶火鍋的主觀經驗，肉桂卷和重慶火鍋本身都是每位用心的廚者以自身經驗和廚藝製作完成，其客觀味道都是「好吃的」。因此，其實我們在飲食上對

「客觀」和「主觀」有一個普遍的誤解，那就是：有些東西是好吃的，有些東西是我們自己喜歡（或不喜歡）吃的。

"De gustibus non est disputandum."（About tastes, it should not be disputed/discussed.）這句關於飲食品味的拉丁諺語，中文裡有一句完美對應的說法，叫做「適口者珍」。這個典故出自南宋福建泉州進士林洪《山家清供》中的〈冰壺珍〉篇，這本記載山野人家待客用的清淡田蔬食譜書，開頭就引宋太宗問他非常器重但嗜酒如命的翰林學士蘇易簡：「食品稱珍，何者為最？」蘇易簡回答：「食無定味，適口者珍。臣心知虀汁美。」

蘇易簡雖然文采不凡，深受宋太宗讚賞和喜愛，並且被欽點為狀元，但是他實在太愛喝酒，喝到太宗多次勸誡，並草書〈誡酒〉、〈勸酒〉兩首詩，還是三十九歲就英年早逝。引文所說的，正是他前一晚喝了太多酒，半夜突然因為燥渴難忍醒來，見到雪中露出的醃菜罐子，忍不住抬起來就喝了幾大口「虀汁」（醃菜汁）。對於當時宿醉的他而言，這醃菜汁乃是「上界仙廚，鸞脯鳳臘，殆恐不及」。

陝西和甘肅一帶有一道麵食叫漿水麵，湯汁就是把芹菜放到煮麵水中發酵而成的「齏汁」。對於在炎炎夏日之下，或是對醉得燥渴的蘇易簡來說，這種酸嗆湯汁的味道也許是救命良丹。「適口者珍」這四個字之所以因此常被濫用和誤用，正顯示人們在區分自己喜歡吃的東西和自己不喜歡吃的好東西之間有多麼缺乏判斷力。

美，是有一定的標準的。正如同世界上還是有著大是大非，詹姆斯·喬伊斯（James Joyce）和九把刀的小說雖然在主觀上是青菜蘿蔔各有所好，但其文本有許多特質，如果不是有著大量閱讀經典文學作品或是受過文學學術訓練經驗的人，是無法客觀分辨的。在主觀上，喬伊斯的《尤里西斯》（*Ulysses*）很多人讀不下去，但是並不減損它是世界上最偉大的文學作品之一的客觀判斷。

這樣的客觀判斷，來自於經驗，以及伴隨著經驗的學習。

然而，現在的飲食世界，充滿了假象、虛榮與造作。

因為食客不理解烹飪的方式，對廚師所說的一切照單全收；因為不熟悉食材的優劣，任由店家肆意吹捧；因為分辨不出廚藝的高低，而虛擲萬金；或因為缺乏對一些菜品歷史文化的深刻理解，使得虛有其表的菜品招搖撞騙。

偏偏許多美食家和美食部落客，也參與這樣的過程。川菜是一菜一格、百菜百味；現在則是一人一個部落格（和ＩＧ），你給我錢我就說你好味。受到幕後有著實力雄厚資金餐廳招待的知名美食家，有一部分應了孔子所說的：「鄉愿，德之賊也。」他們八面玲瓏，實際上卻不能區分好壞。還有一種部落客，廚者與餐廳經營者畏他卻不敬他，背後還在笑話他，因其為文只會胡說八道，亂罵一通。

我常常因為在台北吃不到西安好吃的肉夾饃、青島美味的鮁魚餃子、重慶的十八梯眼鏡麵、東京笹巻きけぬきすし的毛拔鮓、ほかけ的江戶前壽司、或是德州的chicken fried steak而懊惱。但是另一方面，

吃在台北又何其有幸。台北雖然比不上東京、香港、上海這些都市，有著夠多口味做得正宗又多元的餐廳，但與許多像是西安、重慶等當地美食雖然登峰造極的好吃，菜品卻幾乎是千篇一律的城市比起來，台北還是多了很多選擇性。

這些年來，隨著在台北外食經驗失望的比例越來越高，我轉而在家中廚房，與名廚們在書籍與短片的傳承、教學與實際操作中，接受各種烹調訓練。雖然因此越來越少外食，但是隨著對各式菜品的烹調方式、味型[1]、味覺認知的學習和理解，我可以更理智的去精挑細選好吃的店家。

因此這本《尋食記》所尋的食，不但是近百年到近幾十年，在台北乃至於台灣所融合的「食」，更有著這些食物如何在超越時空背景下聚集在這裡所經歷的「時」。

這些「食」和「時」，以及「時」和「空」，包括了二戰後出現在蘆洲的切仔麵、中日甲午戰爭前後出現在台南的擔仔麵、清道光年間誕生於四川自貢的擔擔麵、台灣土生土長的肉圓、由潮汕人在民國三十八年後帶來的沙茶和潮汕火鍋、從山東離散到南方的餃子、各省各地融合而成的眷村菜、近年才出現在台北的正宗東北燒烤，還有近二十前在台灣連鎖速食中雄據一方的日本國民美食牛丼，以及這十年左右才在台北原汁原味呈現的江戶前壽司……它們有的土生土長，有的飄洋過海，有的身世坎坷，有的風光登場。

雖然尋食必然伴隨著成長過程中所習慣的口味、經驗，甚至偏見的影響，我們還是可以透過後天習得的知識和經驗，改變體驗每一道菜品和每一種調味組成的判定能力。這也是讓真正的好餐廳和好菜品能夠傳承下去的力量。

---

1 味型，指用調味品所調和而成，具有各自的本質特徵且基本味相同或相近的風味種類。

目錄

1

切仔麵——最普及的古早味

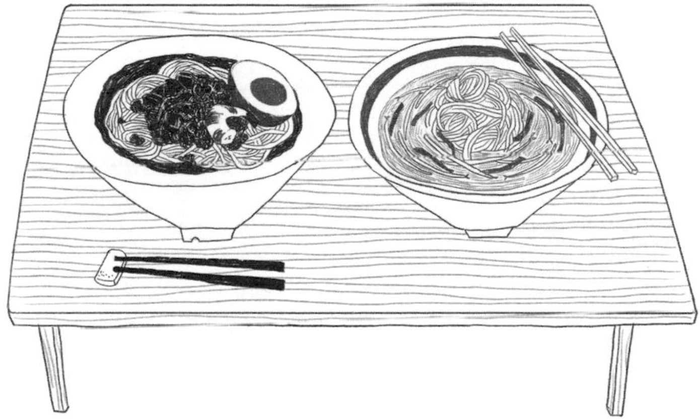

擔仔麵分量不多，只有一小碗；切仔麵則是麵堆成巨塔。擔仔麵和切仔麵的澆頭不同；擔仔麵的澆頭是肉臊、蝦、五印醋、滷蛋或貢丸和少許蒜泥，切仔麵通常只有韭菜與豆芽菜。

對台灣人來說，肚子餓了，到廟口吃碗切仔麵，配幾樣黑白切，應該是最普遍的庶民美食了。好幾家上了必比登美食榜的餐廳，包括「賣麵炎仔」、「阿國切阿麵」等等，都是以切仔麵聞名。不過以前每每吃切仔麵，總覺得清湯寡水，麵條也不「筋道」。後來由於有兩年多的時間，我每個星期都會往來自家與蘆洲的湧蓮寺之間，也就在那段每星期至少在蘆洲吃一次切仔麵的日子裡，我才發現原來真正的切仔麵那麼好吃。後來，如果再有朋友問我台北哪間切仔麵好吃的話，我就會和他們說：「去蘆洲吃吧，過個台北橋，切仔麵一下子就提高了好幾個層次。」

我自己最愛的一間切仔麵店，是位於三民高中捷運站一號出口往右後方走，到復興路中央路口左轉，再往前走幾步的左前方就可以看到的「阿郎切仔麵」。阿郎與添丁兩家切仔麵師出同門，都是屬於楊萬寶這一系的。他們的營業時間都是從早上九點到晚上九點。比較起來，阿郎切仔麵的湯頭看似清淡，不過除了以豬大骨與五花三層肉熬湯外，還加了洋蔥和蘋果等香料蔬菜，比起傳統的湯頭味道更有層次。

和大部分蘆洲的切仔麵店一樣，阿郎除了賣切仔麵外，還有賣粿仔條、米粉、意麵、冬粉、米苔目、餛飩麵及粉麵、滷肉飯、瓜仔肉飯、油蔥飯、白飯等主食。「粉麵」是蘆洲老饕所喜愛的一種主食吃法，亦即一碗麵裡混合了一半的麵和一半的米粉。一個價錢，兩種口感，雙重享受。

我自己的基本套餐是乾粉麵、乾切仔麵或乾意麵，配上一碗沙茶豬血湯，再切盤骨仔肉、一盤三層肉和一盤軟管或生腸。有時不想吃那麼多肉，就換成魷魚（不會是青菜，反正麵裡已經有韭菜和豆芽菜了），然後配山葵醬油。吃麵吃到一半時，再拌入店裡的特製辣醬增強味道。

店內常見的小菜則有三層肉、魷魚、鯊魚、豬軟管、粉肝、豬舌頭、豬心、嘴邊肉、赤肉、骨仔肉、滷虱目魚頭、滷虱目魚肚、生腸、滷吳郭魚、大腸頭、粉腸、豬肺、豬皮、滷蛋、豆乾、油豆腐、海帶、大陸妹、地瓜葉、素雞、白菜滷、滷筍乾、豬血糕。湯品包括了沙茶豬血湯、魚丸湯、骨仔肉湯、豬肝湯、豬心湯、貢丸湯、金針赤肉湯、粉腸湯、大腸湯、肝腱湯和豆芽湯。真的是應有盡有。

這些小菜配上阿郎的自調醬料，可以隨時讓黑白切的味道豐富起來，並且有多種選擇，像是特製辣醬、醬油膏、山葵醬、蒜泥醬油、胡椒粉、辣油和烏醋，每樣都是花心思去搭配的。

切仔麵的故鄉在蘆洲

切仔麵的正宗說法應該是「摵仔麵」，因為其烹飪工具笊籬的台語叫做「麵摵仔」（mī-tshi̍k-á）。由於食用的油麵麵條為熟麵，因此只需要在水大滾之時，將麵放在「摵仔」之中，上下用力搖晃一下，麵就可以入碗了。而這「上下用力搖晃」的動作，也正是台語

「摵」的意思。國語的「摵」是指樹枝光禿，葉子凋落的樣子，發音也不一樣。

新北市蘆洲的切仔麵之所以有名，因為蘆洲就是這種台灣土生土長的麵食的起源地。據說以前有個叫周烏豬的人，是切仔麵的創始人，他一開始在蘆洲湧蓮寺前擺攤，後來吸引了許多北上謀生的民眾爭相仿效。不過這個「後來」，則是台灣光復後的事了。根據河上洲文史工作室執行長楊蓮福的說法：台灣光復前，蘆洲人周烏豬在湧蓮寺廟口前賣切仔麵，二次世界大戰爆發後，經濟蕭條，切仔麵設攤斷斷續續，直到民國三十五年，蘆洲人楊萬寶從南洋當兵回來，由於他光復前就曾向周烏豬學過切仔麵技藝，就在湧蓮寺廟口設攤賣切仔麵。

楊萬寶煮的切仔麵，湯頭都用大骨、三層肉整塊下去熬，口感純甘，不加味精；麵條堅持人工製作，不加硼砂；切麵的工具採用竹編，別有一番風味。楊萬寶切仔麵的生意逐漸穩固後，就傳給徒弟阿成、阿賜，自己往五金建材業發展，不過他仍要求徒弟每日送兩碗切仔麵給他品嚐，鑑定湯頭是否改變。由於這種堅持，使得蘆洲切仔麵口味能始終如一。

民國六十七年（一九七八年），湧蓮寺舊廟重建，廟口切仔麵遷移他處，蘆洲切仔麵略有停滯。阿成、阿賜後來將技藝傳承第三代、第四代，現今中正路、三民路、中山一路陸續出現切仔麵店，五股、八里、大直、三重等地也都有蘆洲籍人士出外設攤賣切仔麵。現今得勝街的「添丁切仔麵」、「阿朝切仔麵」、「大廟口切仔麵」及「台北豬屠口切仔麵」，都和楊萬寶這一脈相傳有所關連。

換句話說，切仔麵的創始人是周烏豬，而將之發揚光大，造成它開枝散葉的人，則是楊萬寶。

不過，為什麼切仔麵會在台灣光復之後，在蘆洲爆炸性的開展起來？因為民國三十四年，原本鷺洲庄改為鷺洲鄉，把三重、蘆洲包括在內。民國三十六年，二重埔、三重埔又分治，自鷺洲鄉畫出，設三重鎮，蘆洲則改名蘆洲鄉。民國四十年後，一方面由於台灣農村破產，農民開始轉移到非農業部門；另一方面，由於民國五十年代的出口擴張策略，造就了台灣工業起飛，座落在都會邊緣的工廠需要眾多工業勞動人口，吸引原本南部的農村居民移入。蘆洲就在這個時候，遷進許多由南部北上來打拚的民眾。

蘆洲切仔麵密度最高的區域，是以湧蓮寺為中心向外擴散。湧蓮寺的建廟乃因同治元年（公元一八六二年）九月，舟山列島南海普陀山隱秀庵二位比丘攜帶南海圓通教主觀音佛祖尊像赴外地募緣，出航遇颱風，帆船漂靠至台北渡船頭（淡水），清晨遇見李佑（竹圍人）搭渡船到迪化街做生意。他答應若當日生意順利，回程一定會去進香。李佑當天的生意特別好，依約返回帆船進香，結果香爐發爐，經觀音佛祖指點，才知佛祖欲進駐蘆洲貝局間口（湧蓮寺現址）。

早期蘆洲很容易淹水，湧蓮寺位居全區最高處，積水不像其他地方嚴重，便成了當時的地方政治與經濟的中心。歷經同治十二年（一八七三年）的建廟，以及後來各時期的擴建，到現在周圍白天是市場，晚上則是得勝街夜市，更是當地居民的精神信仰中心。蘆洲以湧蓮寺為中心向外開展，其中當然也包括切仔麵。

像是切仔麵創始人周烏豬的第四代傳人所經營的「周烏豬切仔麵」，就位在湧蓮寺旁的得勝街一〇六號。門口還擺了一頭黑豬，從早上八點營業到晚上十一點。

有三十多年歷史的「添丁切仔麵」則要再多往外圍走一些，在得勝街二十二號，營業時間自上午七點到晚上十一點。之所以叫添丁切仔麵，正是因為老闆名叫廖添丁，店前方還有自己專屬的機車停車場。

從添丁再往外走，就是得勝街六號，師承楊萬寶、現在老闆是周乾坤師傅，營業時間從上午六點到下午三點半的「大廟口切仔麵」了。楊萬寶先生從當兵回來開始賣麵已有八十多年。五、六十年前，換成周乾坤師傅的舅舅李春成先生接手，一直到四十年前，原本大廟口的地方拆除，大廟口切仔麵才搬到現址，不過還是沿用大廟口之名直到今天。周師傅則是從三十歲開始，先是跟著舅舅、舅媽做，後來才接手。

與前述幾間店比起來，大廟口切仔麵用餐環境比較老舊，可選擇的品項也比較少。然其湯頭與周烏豬切仔麵一樣，一直沿用最早熬煮方式的濃濁乳白色湯頭，由於煮得越久湯越濃，因此有的客人是特意等中午過後才來吃。此外，大廟口切仔麵的配料也比較樸實單純，主要就是油蔥與大骨湯頭，沒有韭菜，也僅點綴了少許的豆芽菜。

位於長榮路二八〇號「阿六切仔麵」的價位，在蘆洲是數一數二的高。主食選項只有切仔麵、米粉、滷肉飯與白飯；小菜的品項卻是最多的，而且不但多，還相當多元。如海蜇皮、滷大腸頭、芋棗、滷鴨胗、卜肉、手工雞捲、紅糟三層肉、涼拌粉肝、冷筍沙拉、五味白蝦等。另外還有苦瓜排骨湯、蛤蜊雞翅湯和冬瓜骨酥湯等較為耗時費工的湯品。營業時間則是除了週二外的早上十點半到晚上九點。

牆上寫有「**無餓不坐，坐餓多端，餓吧！**」是一進「大象切仔麵」就會映入眼簾的幾行字。不同於一般切仔麵的大骨湯頭，大象切仔麵的湯頭還加了蝦一同熬煮，其湯頭在蘆洲的切仔麵中獨具一格。地址是復興路四十二號，營業時間從早上九點半到下午五點。

此外，還有兩間多是當地人去、一大早就客滿、而且過了早餐時間就吃不到很多小菜的蘆洲切仔麵店。一間是位於仁愛街九十七號的「鄭記豬母切仔麵」，另外一間是民權路七十二巷一號的「和尚洲切仔麵」。

鄭記豬母切仔麵營業時間從早上七點到下午一點，交通比較不方便。這間店不但沒有菜單，所以也沒地方標價位，不過它不但價格便宜，東西又好吃，因此很多小菜不到上午十一點就賣完了。

和尚洲切仔麵則是從早上六點營業到下午三點，在三民高中捷運站附近。由於離人潮較多的湧蓮寺中心較遠，因此客人多為在地人。其湯頭看起來清澈油亮，實則濃郁順口，它也是蘆洲少見小菜有賣燻鵝肉和鹹蜆仔的切仔麵店。

油麵屬於黃麵，是鹼麵的一種

切仔麵其中一個主體是油麵。油麵屬於黃麵，也就是鹼麵的一種，是台灣的傳統麵條之一（另外兩種則是意麵和麵線）。除了切仔麵之外，肉羹麵類與台式炒麵、擔仔麵，也都是使用這種麵條。它是以中筋麵粉、取自小麥麥心蛋白質含量高的粉心粉、食用鹼、鹽和水揉成麵糰後，用壓麵機來回壓薄三次，再以八號麵刀切條而成。油麵之所以呈淡黃色，是因為加了用以增加筋度的三偏磷酸鈉、碳酸鈉、碳酸鉀等食用鹼，在鹼性的條件下，麵粉中的類胡蘿蔔素、類黃酮等會變成黃色。以前油麵所添加以增強其筋性的是硼砂，也曾加在貢丸裡增加彈性和口感，不過由於硼砂對身體有危害，因此已經禁用。

在油麵製作完成後，會先直接放入滾水中將麵條汆燙至七分熟，然後再撈起、瀝乾，然後拌沙拉油。這麼做的目的，是為了讓麵條帶有光澤又不易相黏，而油麵之名也因此而生。

在小吃中使用油麵的好處是，由於麵條已先燙過，屬於熟麵，因此只需用竹網篩「摵仔」在沸水中抖動一下便熟。又由於麵條為鹼麵，因此在水煮的過程之中麵湯不會變得濃稠，煮熟之後的麵條也比較不易沾黏。缺點則也是因為它是熟麵，所以保存期限較短。

一碗好的切仔麵，從煮麵就開始講究。首先，下麵時水要一定要處於大滾的狀態，這樣摵出來的麵才會有脆感。而且麵不是光放進摵仔裡就好，還必須一直轉它，靠手勁讓一根根的麵條在煮麵人的控制之下，使其受熱均勻。

在麵條起鍋前，需先以熱湯涮碗，讓熱氣先衝入碗內，然後再用碗不斷輕敲麵杓握柄，目的是讓麵條和麵勺產生空隙，讓麵條能夠在不沾黏的情況下迅速倒立入碗，成為金字塔狀。碗底則事先放上豆芽菜和韭菜，然後倒入摵好的麵、油蔥、高湯，一碗正統的蘆洲切仔麵便大功告成。

擔仔麵的「坐煮」法獨樹一幟

擔仔麵和摵仔麵的起源不同；擔仔麵起源於台南，摵仔麵起源於新北市的蘆洲。擔仔麵和摵仔麵的分量不同；擔仔麵是分量少的一小碗，而摵仔麵則是麵堆成巨塔。擔仔麵和摵仔麵湯頭不同；擔仔麵的湯頭以蝦頭和蝦殼製成，摵仔麵的湯頭則以大骨等豬肉原料熬製。擔仔麵和摵仔麵的澆頭不同；擔仔麵的澆頭是肉臊、蝦、五印醋、滷蛋或貢丸和少許蒜泥，摵仔麵通常只有韭菜與豆芽菜。

台南擔仔麵因為分量少，麵煮好之後不需要甩麵，形成了獨特的「坐煮」法，也就是師傅並非站著煮麵，而是從煮麵、打調料和加湯，全都坐著完成。

兩者的共同點是麵體都是油麵，不過也都可以替換成意麵、米粉或是板條。

擔仔麵又和擔擔麵不同。擔仔麵源自台南，擔擔麵源於自貢。擔仔麵和擔擔麵使用的麵條不同；擔仔麵用的是油麵，擔擔麵用的是麵粉、雞蛋和自貢井鹽做成的柳葉麵條。

台南擔仔麵和擔擔麵之所以有個「擔」字，是因為兩者的起源都是用扁擔挑著麵攤到處叫賣。一八九四年、中日甲午戰爭前後，台南有一位來自福建漳州名叫洪芋頭的百姓，依靠渡船、打漁維生，每逢清明到中秋颱風多的季節，因氣候不佳收入大為減少，這種生意清淡的日子，生意人稱之為「小月」。為了度過小月，洪芋頭就只好每天挑著擔子沿街叫賣他在漳州習得、以肉臊作法當澆頭的麵。他後來固定在水仙宮廟前擺設麵攤，並在攤前懸掛一盞燈籠，上面寫著「度小月」三個字，表示設攤賣麵只不過是為了用來度過困難的小月而維持生計的營業罷了。

四川擔擔麵則是一八四一年的時候，來自一個在四川自貢、名叫陳包包的人，看著街上有不少挑著扁擔賣各種小吃的，就想做賣麵的生意。他以敘府芽菜、資陽口磨醬油、自貢太源井醋，以及用威遠乾紅辣椒所煉製而成的紅油辣子當佐料，配上蔥花、井鹽和豬油，人稱「陳包包擔擔麵」，後來又傳到了成都與重慶等地。

擔擔麵的挑擔，前頭是個分為三格的紅黑色木櫃子，上面有兩櫃是抽屜，一個用來裝麵條和抄手皮，一個裝碗筷，最下面一格則用來放各種調料和臊子缸鉢。櫃底有個寬出一截的方型桌麵，豎起一個架子，用來掛筷子籠、撈麵竹簍和油燈。另一頭則是下面櫃子放炭火爐，桌面的圓洞上放一隔為二格的銅鍋，一格燉雞湯或豬蹄豆芽湯，另一格則是用來煮麵條。

從台南擔仔麵到日本台灣拉麵

關於台南擔仔麵，焦桐先生曾寫道：「**在台南，度小月擔仔麵又分為大房的『洪芋頭擔仔麵』和二房的『度小月擔仔麵』，兩者的麵上皆有一尾鮮蝦，並可點選滷蛋和滷貢丸。**」王浩一認為「**兩家的口**

感有差異，前者的分量多，湯汁也多；後者的精緻度較高，肉臊湯汁較濃醇。」

至於在台北市，除了民國五十八年由出生於台南來台北打拚的許穆生先生在華西街所開，後來轉型為高檔海鮮餐廳的「華西街台南擔仔麵」外，最為人所知的就是位於吉林路的「阿美飯店」與「好記擔仔麵」了。

整間店都充滿了活力的好記擔仔麵與阿美飯店實為一家，之前安室奈美惠來台北時，也曾到好記擔仔麵吃晚餐，席開三桌。這間店是民國八十二年的時候，林其宏夫婦在吃遍了台南的擔仔麵攤，研究南北兩地口味的差異，再實地勘察食材的進料過程，興起了開設一家具傳統味的餐廳念頭後所創立。除了有炒海瓜子、紹興醉雞、虱目魚肚、櫻花蝦、蒜泥虎蝦、油條鮮蚵、鹽酥蝦、鴨肝卷、五更腸旺、甘蔗煙燻雞、豆干炒肉絲、鹹蛋苦瓜、鳳凰蝦球、三杯雞、紅蟳米糕等多達百餘種的各式小吃與熱炒外，還可以免費續由五十斤草蝦熬出的高湯和豬腳肉製成的肉臊。

好記擔仔麵還有一個特色是，幾乎所有的菜色都會直接擺在展示區提供客人參考，不但可以直接看各種菜色的樣子，還可以知道分量有多少。至於好記名片上寫的「**三民煮魚 統一酒國 消費萬餓共肥 酒救臺灣同胞**」，正是這間店希望大家輕鬆喝酒吃菜的體現。

四川自貢的擔擔麵傳到了成都之後，被加上了肉臊，由素麵搖身一變為葷麵，再成了在台北包括「四川吳抄手」、「老鄧擔擔麵」和「老張擔擔麵」等我們所熟知的四川擔擔麵。到了重慶，則是在調味上變得更為霸道、澆頭更為多元，成了現代重慶名片之一的重慶小麵。

日本也有擔擔麵。一個是千葉縣的勝浦擔擔麵（勝浦タンタンメン），另一個是發源於愛知縣名古屋市的台灣拉麵（台湾ラーメン）。勝浦擔擔麵是來自日本四川料理之父陳建民一九五二年到日本之後，引進了四川芝麻醬風味的擔擔麵。一九五四年（昭和二十九年）勝浦擔擔麵創始店「江ざわ」的店主原本想將醬油拉麵與四川擔擔麵結合在一起，但是經過好些次的嘗試都以失敗告終。最後，他決定捨棄麻醬，從而開發出現在的勝浦擔擔麵。

日本的台灣拉麵可說是台南擔仔麵與四川擔擔麵的綜合體。一九七〇年代，來自台灣的郭明優先生在名古屋開了一間叫做「味仙」（みせん）的台灣料理店。當時他在日本的朋友曾經和他一起到台灣吃過擔仔麵，回到日本之後由於想吃，於是就請郭明優做，他因此研究了許多種擔仔麵的作法。雖然擔仔麵並非一種辣的料理，但是由於郭明優本身嗜辣，因此就加了很多辣椒和大蒜當店裡的員工餐。郭明優的朋友同時也是店裡的常客，看到似乎很美味的這道料理後，不斷說服郭明優把這種麵列在菜單上，而郭明優也不斷的嘗試改良這道料理，最終在一九七一年完成了這碗以醬油為湯底，配上豬絞肉、韭菜、蔥、豆芽菜和辣椒炒的澆頭，此外還加了大量大蒜的日本台灣拉麵。

2

豬的內臟可不能「黑白切」

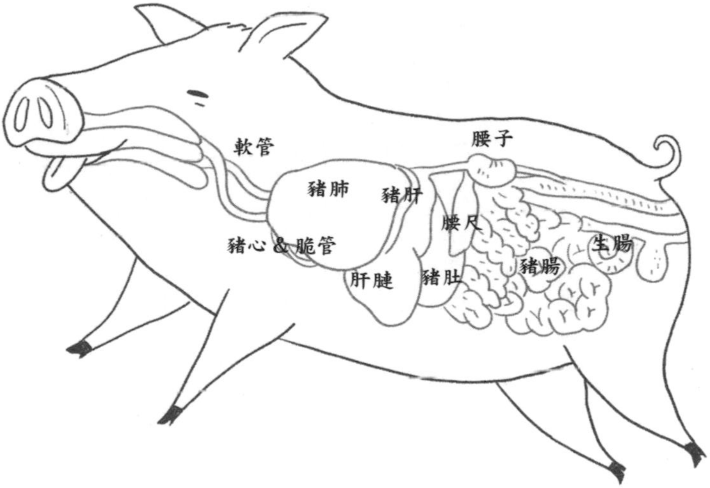

黑白切對內臟的命名是有學問的，這個學問讓我們在點菜的時候，免於過度處於解剖學教室的感覺。

在台灣，黑白切與切仔麵、米粉湯有著「孟不離焦，焦不離孟」的關係。切仔麵與米粉湯的好湯頭靠著豬從頭到尾各個部位才能燉煮完美；各個部位又完全沒有被浪費，成了一盤又一盤的切料小菜。其普及度，更是可以每個捷運站周遭都可能有一個巷口排滿了人，只為了等著買一碗米粉湯配黑白切。

像是我家附近濟南路二段五十四巷巷口的「阿春姨米粉湯」，每到中午就大排長龍，也是我吃了好幾十年的黑白切小攤。位於中華路二段三一三巷二十二號的南機場「林記米粉湯」，以及位於和平東路二段科技大樓站附近的「呂巷仔口麵食館」這兩家店的黑白切，大概除了豬的叫聲之外其他部位都吃得到。

林記米粉湯分量大，切料整排列下來有大腸、小腸、肝腱、粉腸、白管、軟管、小肚、豬舌、豬心、生腸、綜合管、生腸頭、大腸頭、骨頭肉、嘴邊肉、豬肺、豬皮、氣管頭……多種選擇。呂巷仔口麵食館也不遑多讓，有豬肺、豬肺管、脆骨頭、豬皮、乾豬血、肝腱、大腸頭、大腸、小腸、粉腸、生腸、軟管、小肚、小肚帶、豬舌、嘴邊肉。

除了以上兩家能夠充分滿足對內臟的欲望外，其他像是環河南路一段的「李記宜蘭肉羹」、涼州街無名涼麵，還有位於承德路與華陰街交叉口附近巷子裡的六十九年老店麵攤（米粉湯），也都是大啖黑白切的好地方。

我們自己去傳統市場買豬內臟的話，往往能夠搜括的部位有限，正是因為稀有的部位早就被這些賣黑白切的攤子買走了。

其實，黑白切對內臟的命名是有學問的，這個學問讓我們在點菜的時候，免於過度處於解剖學教室的感覺。如果是長形、中空的圓柱體部位，就以腸或管為名。又以肺部下方由肌肉所構成的橫膈為界，橫膈以上的部位，皆以管命名，如軟管、咽管等；以下有著許多消化管的腹腔則稱為腸。其他的內臟部位，命名方式則不脫「依形狀命名」與「依所在部位命名」兩種。

根據東京中央批發市場肉類市場，光是豬內臟的分切就分為二十二個部位，即頭、舌、耳、腦、食道、氣管、心臟、肝臟、肺、脾臟、橫隔膜、胃周邊脂、胃、腎臟、小腸、盲腸、大腸、直腸、子宮、乳房、尾、足。當然，這些部位台灣人不見得全部都會吃，接下來，讓我們就一般人比較愛吃的內臟做一個深入的了解，我也會針對這些部位的其他烹調方式做一些介紹。

豬的心肝寶貝

① 豬肝

豬肝是豬的內臟中最被普遍食用的，其料理方式也非常多元，可煮、可烤、可炸。不但是豬的內臟中維他命A含量最高的部位，更富含維他命B_1、B_2、B_6、B_{12}和鐵質。它與菠菜和韭菜都是絕配，不管是共炒或一起煮湯都美味而營養滿點，更可以在許多中式炒麵中做為主角或配角。不過豬肝的味道比牛肝重，所以喜歡它的人也更為兩極，烹調前要確實清洗乾淨，在去除血管和血塊後，先用流動的水清洗，再浸在3％的鹽水中去除血水，並換水二～三次。

韭菜炒豬肝是我很愛的一道下酒菜，配飯也很棒，搭配著韭菜、豆芽菜、蒜片和辣椒一起吃，就算是炎炎夏日，吃了也讓人覺得精力充沛。這道菜在日本，是大眾食堂與中華料理店的定番料理。不過，雖然中文我們叫它「韭菜炒豬肝」，但日文卻是倒過來，它從一九六〇年（昭和三十五年）開始在日本普及之後，原本也一直是叫韭菜炒豬肝的，但日本漫畫家赤塚不二夫的代表作──一九六七年（昭和四十二年）開始連載，並在一九七一年（昭和四十六年）拍成卡通在電視上播放──《天才妙老爹》中，男主角的父親非常喜歡吃這道菜，每次從他口中說出的都是「豬肝炒韭菜」，日本人因為受到這部卡通的影響，才漸漸習慣稱這道菜叫豬肝炒韭菜了。不過，在連鎖餐廳「餃子的王將」的菜單上，這道菜還是叫韭菜炒豬肝。

這道菜其實不限於豬肝，用雞肝或牛肝也成。先把豬肝切成容易食用的大小後，放入加了紹興酒和蔥綠、薑片的沸水中燙一下後撈出。然後，鍋中先將蒜片爆香，加入豬肝、鹽、胡椒炒一下，再加入豆芽菜、韭菜、少許高湯、醬油、糖、紹興酒炒勻後勾芡，起鍋前淋上麻油即可。

廣東人把豬肝叫豬潤，以「乾」（肝）對潤，認為不但聽起來好聽一些，更凸顯了豬肝滋養的作用。對料理極為講究的廣東人，還將豬肝按其形態口感，分成黃沙肝、油肝（綿肝）、麻肝（母肝）、石肝和血肝五個等級。其中最高級的黃沙潤，只有養足一年以上的豬才有，色澤呈鮮粉紅，略帶黃色，口感如細沙一般，既粉又嫩。而為了保持和突出其口感，黃沙潤大多用白灼、蒸製和生滾粥等料理方式。

淮揚菜中的「酒風豬肝」，則是將豬肝改刀成寬長條，每條都開一條長裂縫，再把同樣切成小寬條的豬板油塞進去，用繩子穿起吊掛風乾。等到豬肝硬如木頭，再將之取下，泡入高粱酒內密封。到次年取出，加糖、麻油、蒸熟切片吃。

在雲南，則有著「吹豬肝」一道出自納西族這個少數民族的特色菜品。基本上，吹豬肝是每年殺年豬時製作好、特意留下請客用的。這道菜必須趁著豬肝新鮮時，把吹氣管插入豬肝內吹脹，然後灌入用白酒、辣椒粉、花椒粉和鹽拌成的醬汁，外部也同樣用這個醬汁抹勻，再來要把吹肝掛起來晾一個月。吃的時候把吹肝煮熟，然後切成均勻的薄片，再淋上醬油、辣椒油、花椒油、小米辣、蒜末、糖、鹽和香菜拌成的汁，一盤涼拌豬肝就完成了。

西餐則有將調味過的炸豬肝配炒洋蔥的liver and onions。這道菜在英國、德國、法國、義大利、葡萄牙、西班牙、美國都有，也都有各自的版本。英國和德國會配馬鈴薯泥；法國會和培根一起炸；義大利則有威尼斯版本的fegato alla veneziana和羅馬版本的fegato alla romana，前者會加些紅酒和醋，後者則是加了白酒並以豬油來炸；在葡萄牙和西班牙，這道菜則分別叫做fígado（bovino）acebolado和hígado（de res）encebollado。

② 腰子

就是豬的腎臟，又叫腰花。其肉質肌理細緻，口感又有彈力。麻油腰花非常好吃，黨參豬腰湯還可補腎壯腰。自古以來，腰子就一直是食療輔助之品。李時珍在《本草綱目》中就寫道：「方藥所用，借其引導而已。」

腰子之所以叫腰子，是因為它位於人的腰部兩側後方。在日本，它則因為外觀如同蠶豆（大小則如拳頭），直接被稱為mame（日文「豆」的意思）。

在處理上，買回來的豬腰要先去除表面的薄皮，然後縱切成半，將裡面的白筋（尿管）和血塊剔除乾淨，否則會有尿騷味，然後浸泡在冰水中去除血水，並重覆二～三次。

西餐中，腰子則常被拿來做燉菜，與蘑菇一起燉更是經典的搭配。

既然豬肝和豬腰都談了，就來談一道台灣比較少人知道，但做工繁複，而口感多元細緻的傳統魯菜「爆三樣」吧！

「爆」是魯菜的特有傳統技法，爆菜的準則是外口脆嫩、多汁，內口鮮香有味，主要的爆法則有芫爆、湯爆、油爆、鹽爆、醬爆、蔥爆等。單是以腰花為食材的話，則是油爆腰花。傳統上，爆三樣是用豬肝、豬腰和里脊——這三種軟硬及成熟度不一致的食材融合成菜，但入口時要保證一致的脆嫩，非常考驗廚師的技藝。而且講究非鮮肝不用，非里脊肉不漿。

此外，在這個傳統的爆三樣的基礎上，現在還出現了以別的食材來做這道菜的「新爆三樣」。其中比較常見的，是以豬肉片搭配蝦仁和魷魚。

爆三樣

- 豬肝、豬腰和里脊三種不同食材，先將豬腰從中間切成兩半，去除腰臊後，先斜切，入刀2／3，一推一拉，再反向斜切，切成麥穗花刀，然後用清水加白酒沖洗，洗去血水後，用蛋白和澱粉抓勻備用。
- 豬肝切略厚的片，以清水加白醋清洗，不但可以使其更加細嫩，更可去除臟腥味，然後加鹽、酒、蛋白、澱粉抓勻。
- 里脊加鹽、酒、澱粉抓勻。
- 先燙一下豬腰與豬肝，變色即可。
- 里脊與筍片以四成油溫滑油。
- 將略燙過的豬腰與豬肝用較高的油溫過一下油。
- 最後一步就要爆炒了。將薑片、蒜末、蔥末爆香後，將三種主料放入，急火爆炒後，加入高湯、鹽、胡椒粉、酒、醬油、太白粉調成的碗芡，最後烹入醋即成。

③ 豬肚

豬肚也就是豬的胃，沒有什麼腥味，就算不那麼愛吃內臟的人也很容易接受。豬肚約五百克，肌層越厚代表品質越好。肉質有點硬，不過彈性十足，吃起來脆脆的像是雞胗。

豬肚在前期處理上，由於為袋狀，要先邊用流動的水清洗，邊將油脂去掉。撒上鹽搓揉生的豬肚後，再與香料蔬菜一同水煮，將浮沫撈去，再撈出用流動的水清洗一遍。位於豬肚最上面，靠近食道的「肚芯」是最上等的部位，新鮮的肚芯會呈現淡淡的粉紅色。

豬肚是四神湯的重要食材之一，台灣四神湯中除了有薏仁、蓮子和淮山，還有豬小腸或豬肚，並加入當歸、米酒提香。不過傳統的四神湯，是以中藥四臣「芡實、蓮子、淮山、茯苓」，與豬肚燉煮後食用的，因此原本也不叫四神湯，而叫「四臣湯」。後來因為閩南語的「臣」和「神」發音相同，日子久了，發生了音轉，就漸漸被稱為四神湯了。

之所以一開始叫「四臣」，則是出自於《神農本草經》中：「**上藥一百二十種為君，主養命；中藥一百二十種為臣，主養性；下藥一百二十種為佐使，主治病；用藥須合君臣佐使。**」由於這道湯品使用了雖非「主病之謂君」的上藥，無治主病之力，但也用了四種「佐君之謂臣」的芡實、蓮子、淮山、茯苓等中藥，具有扶佐之功，能溫脾健胃，對體弱勞累者有扶正之效，故得名「四臣湯」。台北延三夜市「汕頭老牌四神湯」非常有名，熬煮的時間非常久，湯頭濃濁有味，讓人口齒流香，難怪大排長龍。

客家菜「四炆四炒」的八道宴客標準菜色中，酸菜炆豬肚（其他三炆為炆爌肉、排骨炆菜頭、肥湯炆筍）以及湯品酸菜肚片湯也是美味得不得了。

在粵菜中，使用了豬肚的「胡椒豬肚湯」，也被認為有著健脾暖胃的功效。把白胡椒、蔥結、薑片塞入雞腹中，再把雞塞到豬肚裡，開口處用針線縫好或用牙籤穿起來，然後將之放在砂鍋中，加入淮山、紅棗、桂圓、酒、清水，大火燒開煮十分鐘後，轉小火燉二到三小時，然後撈出豬肚，去掉線頭或牙籤，再將蔥薑、胡椒粒與煲內的藥材渣濾掉後，將豬肚剪成肚條，雞肉也撕成條狀再放回湯中，加入枸杞煮五分鐘，加鹽調味，吃的時候再加點胡椒粉——這道「胡椒豬肚雞」，更是粵菜中的名菜。

④ 豬腸

彷彿是為了燒肉而存在的器官一般，不管是有嚼勁、口感滑溜的大腸，或是脂肪較多的小腸，只要放在烤網上，就是冰涼啤酒的備戰時刻。看著火苗上不斷滴下的油脂，更令人心急如焚的想看到它們出現美麗的焦色。

在台灣，不管是大宴或小吃，豬腸更是被運用得最廣泛、菜品種類最為豐富的豬內臟。大腸麵線、滷大腸、豬腸冬粉、豬血大腸湯、椒鹽肥腸、薑絲炒大腸、五更腸旺，到川菜的乾煸肥腸，以及魯菜中的經典大菜九轉大腸……族繁不及備載。

薑絲炒大腸是過去客家人在有限資源下的珍餚，早期客家庄會先剝除附著在大腸上面的脂肪，再用筷子將大腸的內壁翻出外側清洗，然後用芭樂葉來搓洗大腸。客家人之所以會用芭樂葉洗大腸，是因為以往客家村庄大都會種植土芭樂，因此發現如果用芭樂葉搓揉大腸的話，不但可以將其內壁的黏稠除去，而且這樣一來，大腸炒起來腥味較小，吃起來還更脆。客家民謠《病子歌》（台灣民謠中描述婦女懷孕的歌謠）裡，就有著「**正月裡來是新年，娘今病子沒人知，阿哥問娘吃麼該，愛吃薑絲炒大腸**」孕妻愛吃豬腸炒薑絲的歌詞。

現在北台灣的薑絲炒大腸，多只是薑絲與大腸合炒；而南台灣的薑絲炒大腸有時則會加酸菜。

各大居酒屋和大眾酒場一定會有的一道下酒菜「もつ煮」或「もつ煮込み」，台灣一般翻為「味噌燉大腸」，是用豬或牛的白內臟（大腸、小腸、直腸、豬肚）與紅蘿蔔、白蘿蔔等根菜，加上蒟蒻、豆腐等燉煮而成，最後灑上蔥花。

小腸又可分為與胃相接的十二指腸、與大腸相接的迴腸及界於兩者之間的空腸等三個部分。其中空腸約占小腸全長的五分之二，是完成食物最後消化階段的地方，內部有大量為了吸收食物營養的絨毛，這就是在黑白切中稱為粉腸的地方。然而，這是在台灣北部，如果是在台灣南部或是宜蘭新竹的話，粉腸就成了把切細的豬肉混合紅麴、五香粉、醬油、蒜頭等調味料醃漬，再加少許澱粉一起灌入洗乾淨的腸衣、打結、煮熟，看似「粉紅色的香腸」的粉腸了。

中部的粉腸以大甲最出名。由於提高了澱粉的比例，並且使用黏度較高的地瓜粉，因此Q彈如肉圓的外皮，顏色則是呈現微透明的咖啡色。

⑤ 豬心

豬心的平均重量為三百克，是牛心重量的三分之一，脂肪含量低，肉則非常的厚，由細密的筋纖維組成。它的味道比牛心淡，沒有騷味，就算是不敢吃內臟的人多半也可以接受。新鮮的豬心外觀呈桃紅色，而且肉質很有彈性。

營養價值豐富的豬心有著豐富的維他命A、B_1、B_2、B_6、鐵質和牛磺酸，除了日式燒烤與鐵板燒外，在中菜裡，豬心可與枸杞、紅棗或當歸分別燉湯，或煮熟切片後加上調味料與蒜泥和芹菜涼拌，也可以用醬肉的作法做成醬香豬心。

法國菜中則有用巴里古勒（Barigoule）這種料理豬心的方式。這種烹調方式原本是用來烹調季節性很強又容易變色的朝鮮薊，巴里古勒的作法是以高湯、醋和大量的柑橘來醃漬朝鮮薊，再混合用橄欖油煎過的大蒜、紅蘿蔔、蕃茄和月桂葉等。在這裡，則是將煎好的切片豬心與巴里古勒拌勻。

日本內臟料理中，心由英文直接寫成片假名「ハツ」（hatsu）。如果是比較大的豬心的話，日本的燒肉店還可以分出兩個稀少部位，其中連結大動脈與心臟的部分「心前端」（ハツはじ / hatsu-haji），又被稱為「心臟的尖端」，不過其實反過來，說它是「大動脈的尖端」也沒錯。因為其肉質緊實，要用刀切幾痕才好烤，和喉頭肉很類似。吃起來的話，剛咬下去會有些淡淡的脂肪味，而後味則是帶著淡淡的甜香。

另外，「心下」（ハツモト / hatsu-moto）則在心臟底部，與心臟連接的直徑兩公分、長約二十公分的大動脈，也叫下行大動脈。動脈的血管壁相較於靜脈和微血管是最厚的，尤其是直接連接心臟的大動脈，承受的壓力最大，因此具有非常強的彈性與韌性。動脈血管壁由三層膜組成，除了肌肉組織外，大部分由彈性纖維和少量的膠原纖維組成。因為它脆脆的口感，在日本被稱為「喀滋喀滋」（コリコリ / korikori），在台灣則稱為脆管、咽管或白管。

我們吃重慶火鍋時的老三樣之一「黃喉」，指的也正是牛和豬的這個部位。和心前端比起來，心下可取得的比較多，但比較麻煩且重要的部分是要去除淋巴腺，得小心刮除大動脈周圍的脂肪，並剝去上面的膜，然後取用白色的粗管部分切開後，再切成一口的大小。所以通常當我們看到它的時候，已經沒有一點大動脈的影子了。

⑥ 豬肺

豬肺雖然是黑白切米粉湯攤的常見、甚至必見食材，但是其事前的處理可是比較費工的。清咸豐十一年（一八六一）清朝醫家與溫病學派代表人物王士雄所撰之《隨息居飲食譜》中便言：「**豬之臟腑，不過為各病引經之用，平人不必食之。不但腸胃垢穢可憎，而肺多涎沫，心有死血，治淨匪易，烹煮亦難。**」

這是因為豬肺是呼吸器官，內部的微血管縱橫交錯，因此清洗時必須用水灌入，不斷反覆將血水雜質擠壓沖洗，直到擠出的水完全變清為止。豬肺中連接氣管的比較粗的管子，則是賦予了它肉質蓬鬆、咬進去又嘎吱脆口的口感。也由於它咬下去時如棉花糖般的蓬鬆，因

此做為食材的豬肺日文叫「フワ」（fuwa），フワフワ（fuwafuwa）就是鬆軟的意思。

在台灣，嘉義梅山人的早餐最愛在滷熟肉攤吃用糯米水灌洗、再灌麵粉的粉豬肺，蘸混合了蒜泥、醬油膏、香菜、山葵及白醋的蘸醬食用。台南香腸熟肉攤的豬肺早期則有直接燙熟而略帶咬勁、灌了少許粉而口感軟嫩、以及灌了很多粉口感綿軟的三種版本，現在將豬肺清洗後、灌入粉漿燙熟的「粉肺」則受到許多老饕的歡迎。此外，早期孕婦害喜時，會吃開胃的「病子菜」——鳳梨酸菜炒豬肺。在一九三〇年代台灣的辦桌宴席上，豬肝、豬肺、筍片、蔥蒜一起爆炒的這道菜，是開桌第一菜。這道菜因其台語的諧音，又被稱做「請官（肝）看戲（肺）」。

廣東人則是把豬雜吃到千變萬化。順德人以白菜乾配合南北杏、蜜棗，再加入豬瘦肉同煲以增鮮的「南北杏菜乾煲白肺」，被認為可收清肺熱、治咳嗽之效，被收入《順德美食精華》之「養生老火靚湯」中。

南北杏菜乾煲白肺

◆ 白菜乾先浸泡約兩小時後洗淨切段，也洗淨南北杏、陳皮和豬肉，並先將豬肉汆燙備用。

◆ 豬肺需在其相連的氣管內來回灌壓擠水直至豬肺變白，然後切大塊放入沸水中飛水後撈出切片。

◆ 瓦煲內加入清水放入白菜乾、陳皮、南北杏，大火燒開後再放入豬肉、豬肺、冰糖。

◆ 轉小火煲兩小時後再加鹽調味即可。

另有一道「杏汁白肺湯」，則是將處理好的豬肺、瘦肉、雞腳，連同菜膽燉兩小時，再放入杏汁燉十分鐘。清洗好的豬肺在燉湯前，還要預先以薑汁酒爆炒一次再汆水。

菲律賓也有一道使用了豬肺、豬肝、豬心的菜叫bopis，有著西班牙的血統，可以當做tapas（小菜）配酒，也可以當主菜配飯。維也納的「比舍爾」（beuschel）則是一道用小牛、豬肉或其他野味的肺臟或心臟、腎臟、脾臟、舌頭等所製成的燉肉，經常配酸奶油醬和麵包一起食用。在奧地利的魏德曼語中，比舍爾指的就是獵物的肺、肝，心臟，脾臟和腎臟。

bopis

- 將煮熟的豬肺、豬肝、豬心切丁。
- 油鍋爆香薑米、辣椒、蒜末、洋蔥丁，再加入切丁的豬肺、豬肝和豬心，魚露、黑胡椒和月桂葉拌炒。
- 加入胭脂樹籽油炒勻後，加水和醋燉煮15～20分鐘，加入醬油調味，再加入紅蘿蔔丁與白蘿蔔丁拌炒。
- 加蓋燜煮2～5分鐘，最後再加入青、紅椒丁拌炒均勻就完成了。

但是，談了那麼多以豬肺為食材的菜，為什麼竟然沒提到川菜中大名鼎鼎的夫妻肺片呢！那自然是因為夫妻肺片裡並沒有肺。正如魚香肉絲雖然在傳統作法上會將活鯽魚放入泡菜罈子裡一起做成泡魚辣子，但成菜後沒有魚一樣，夫妻肺片裡基本上是牛肚、牛心和牛舌。

⑦ 腰尺（脾臟）

豬的脾臟在台灣又名腰尺。腰尺和腰子不一樣，腰尺是脾臟，腰子是腎臟。腰尺在台灣之所以被稱做腰尺，是因為它呈長條形，又位在腰部上方。口感有點像豬肝，但又沒有豬肝那麼有溼潤感。在它周圍所包覆的白色網狀脂肪為網脂，或稱豬網油，法文為crépine。在中餐與法國菜的烹調中，會在脂肪較少部位的肉嫩煎或火烤時將肉用網脂包起來，不但可以避免口感太乾，脂肪上的甘甜也會讓肉變得更美味。

⑧ 肝腱（橫隔膜）

肝腱雖然看起來像是瘦肉，但卻是內臟。在台灣又叫隔間肉（因為橫膈分開胸腔與腹腔）、條仔肉（因為橫膈形狀扁平，會切成條狀而非片狀）、橫膈肌，不但是米粉湯攤子的切料之王，也是燒肉店的內臟王者（日文菜單上為ハラミ〔harami〕，英文是diaphragm）。一頭豬約可取二〇〇～四〇〇克，不但肉質柔軟，又可吃到濃縮的美味菁華，因此非常受歡迎。此外，在橫隔膜的中心部分比較短而厚的部分，在日本燒肉店則叫サガリ（sagari）。

廣東人把橫隔膜稱為隔山肉，又叫擋風肉。其中廣東紫金縣的「八刀湯」，可說是客家人對豬的完美演繹。「八刀湯」的八刀，指的是用黑麥草、蕃薯葉餵養的紫金藍塘豬的八個部位各切一刀，其中包括了豬心、豬肝、豬肺、豬舌、豬腰、粉腸、豬胰臟、隔山肉。

9 軟管（食道）

黑白切中的軟管（しきん / esophagus），由於食道主要由平滑肌構成，顏色偏紅、偏深，所以又被稱作紅管、黑管。會被稱為軟管，是因其口感較軟。

軟管雖然價格便宜，但也很稀少。和軟骨比起來它更有嚼勁，有著接近瘦肉的味道，而且略帶脂肪。

⑩ 生腸（子宮）

日本人把生腸做成的下酒菜，除了搭配蔥、山椒與芥末外，還有配上混合薑蒜泥的柚子醋，或是拌著混合了蘿蔔泥與蔥末的柚子醋的；還有混了鹽、蔥和麻油的，或是味噌的蘸料等。

加藤跳漫畫原著所改編的日劇《今晚在U型酒場》第三集中，飾演料理研究家和U型酒場達人的學姐，介紹在廣告公司任職的學弟一起到位於橫濱的「吞氣屋」居酒屋。兩人喝了幾杯之後，女主角點了一道叫「オフロ」（ofuro）的菜，由於日文和「泡澡」同音，因此讓男主角想入非非的幻想學姐在泡澡而被斥責了一頓。這道菜是在燙好的「コブクロ」（kobukuro）上面撒滿蔥白末，和原產於日本和朝鮮半島南部的山椒，然後再蘸著一旁的芥末（不是山葵）食用，黏糊糊的口感與蔥、山椒、芥末交織而成的辛香嗆辣，與日本酒簡直是天作之合，讓女主角欲罷不能。

因為コブクロ被熱水燙熟，所以才被暱稱為「泡澡」的這道菜，コブクロ的漢字寫做「子袋」，就是台灣所說的生腸，也就是豬的子宮。因為是「生」殖系統的一部分，外型又如同「腸」子，故被稱為生腸。

在台灣，幾乎也只在黑白切中出現的豬生腸，由於不是真的腸子，所以不需要花太多功夫去除異味，加上脂肪（一百克中脂肪只有〇．六克）和卡路里（約七十二大卡）都很低，拿來做下酒菜實在是毫無負擔。

3

肉圓——終極台灣血統小吃

直到南部和北部在爭論究竟是炸的肉圓還是蒸的肉圓好吃時，我才知道這個台灣少數百分之百本地誕生並發展的小吃，有不同的系統。

我的母親是高雄苓雅區人。過了外公、外婆家前面的鼓山亭廟前廣場，對面就是市場。在市場與廟口廣場之間，有一條永遠只能在棋布星列往來的摩托車之中穿梭前行、賣著各種小吃的小路。

在那條路上，有兩間賣肉圓的店，一家我到現在還不知道叫什麼名字，只隨著母親叫它「紅色ㄟ肉圓」；另外一間的店名倒是很直接，就叫「屏東肉圓」。

在兒童期認知發展還在成長的階段，那就是我對肉圓的全部認知：一種肉圓看起來紅紅的，皮比較硬；一種是皮軟軟的，肉很香、黑色的肉圓。直到多年後，阿姨和母親、或是南部和北部在爭論究竟是炸的肉圓還是蒸的肉圓好吃時，我才知道了它們的分類系統。

「炸」這個字有兩種發音，一個是「ㄓㄚˋ」，唸四聲，是火藥爆發的意思，如：「爆炸」、「轟炸」；另外一個是「ㄓㄚˊ」，唸二聲，是以多量的沸油煎熟食物的一種烹飪方法。每次我聽到有人把「ㄓㄚˊ」雞、「ㄓㄚˊ」醬麵、「ㄓㄚˊ」肉圓唸成「ㄓㄚˋ」雞、「ㄓㄚˋ」

醬麵、「ㄓˋㄚ」肉圓的時候，都不明白他們為何要用火藥去讓雞、讓醬、讓肉圓爆發。

不過那間紅色ㄟ肉圓（後來我才去查那間店叫「高雄苓雅油煎肉圓」）其實不是用「ㄓˊㄚ」的，而是和烹調維也納炸肉排（Wiener Schnitzel）一樣，以半浮煎的方式，煎出焦脆的酥皮，再淋上偏紅的醬汁。另外一間賣的，就是由屏東揮軍北上跨越高屏溪的、泡在偏黑滷汁裡的屏東肉圓。

這兩間肉丸店的烹調方式雖然不同，但是都有著包餡食物該有的一體感；它們和湖州粽一樣，只以純粹的肉餡和外部包裹的澱粉類主食所組成，沒有筍丁、香菇、鳥蛋那些畫蛇添足、雜七雜八的配料。

在台北，這種美味且純粹的肉圓位於劍潭，店名就叫「劍潭肉圓王」。每次我下課從仰德大道下來，三不五時就會繞過去買它個十份、八份回家當點心，吃不完的再留到第二天當早餐。

肉圓的歷史：油泡與油炸

肉圓是台灣少數百分之百於本地誕生並發展的小吃。原誕生於彰化的北斗，現在已傳到「彰化肉圓生」第四代傳人范振森。「肉圓生」的「生」字來自其父親、第三代店主范龍生之名。

根據范龍生的說法，清朝的時候，他們家族供奉三山國王神壇，而他的曾祖父范萬居由於看到信徒餓著肚子求神看病，便以地瓜來炊粿的作法，將番薯籤磨成粉後，加水攪和放在碗中炊成素粿，煮熟後分食，當時稱之為「粉丸」。後來祖父范媽意為了包入餡料以及油炸以增添嚼勁，用手將地瓜糊從淺碟之中挖出，捏製成形。這個以手將餡料從淺碟之中挖出的動作，自然會留下手指的痕跡，使得肉圓有著明顯的「三掐痕」，這個「三掐痕」也就成了北斗肉圓的特色。

用手將地瓜糊從淺碟之中挖出的這一步，大大改變了肉圓的命運。那一刻起，它不再受到容器的限制，從而可以在內餡增加變化與豐富度。不光只是肉餡，筍丁、筍絲、干貝、香菇、鵪鶉蛋、蝦仁等食材陸續進駐，活脫脫是饅頭變包子的番薯版。

范媽意挑著肉圓擔沿街叫賣，又在員林客運前設攤，後改奠安宮前設攤。當時只有五家肉圓攤位，爾後逐漸打開北斗肉圓知名度。鼎盛時期，北斗有二十多家肉圓店，幾乎都是師出范家。當地還流傳著「**彰化肉圓生北斗，北斗肉圓生瑞火**」這樣一句諺語。

在製作方式上，三角椎型的北斗肉圓是將地瓜粉加在來米、蓬來米漿，加溫調製成外皮，然後將攪拌成糊狀的米漿，用手填入杯口直徑約三個半指的杯狀模子，置入切成細丁的竹筍、加香料炒過少油少筋的豬後腿肉或胛心肉餡餡料，再用手掌迅速掏出米漿、肉餡，捏合成三角椎型，一個一個的捏製，最後經過先蒸再炸兩個烹調步驟就完成。最後一道炸的步驟，有放入攝氏六十～七十度的油中低溫油泡，或以一八〇度高溫油炸兩種方式。一般我們看到泡在油裡的肉圓，正是透過低溫油泡的方式，一方面軟化肉圓皮，一方面保溫。而且油必須是豬油，或是豬油混合沙拉油。

不過也有像是「阿三肉圓」和「北門口」這種炸到皮酥的肉圓，內餡有北海道干貝、豬肉絲、花菇與鴨蛋。肉圓保留一些部分不要蘸到醬汁的話，更能享受到它獨特的口感。配上一碗以豬的脊椎骨抽出的骨髓與蛋做成的蒸蛋再沖入高湯的龍骨髓湯，極美。

後來，肉圓漸漸流傳到台灣各個地區，往北傳到了台中、苗栗，往東傳到了南投，往南則到了雲林和嘉義，產生了不同地區、不同配料與作法的肉圓。像是發源地北斗的肉圓，由於當時的生活條件比較差，所以做成三角形的，分量比較小。鹿港則因為肉圓的組成是由肉圓皮包著裡面的肉塊，形狀很像個「回」字，稱為「肉粿」（發音為ㄏㄨˇ）。稱之為「肉粿」另外還有一個說法，是因為在鹿港舀起肉圓後，會先在油鍋上壓出多餘的油。

被評選入二〇二一年米其林必比登的「台中肉員」，則是一九三三年開業的老店，只賣肉圓、冬粉湯以及魚丸湯，而且每天都大排長龍。其名為台中「肉員」而非台中「肉圓」的原因，是當初店家要做營利事業登記時，被認為如果叫「台中肉圓」，有獨占肉圓之名的疑慮，因此業者才決定以「台中肉員」登記。

苗栗的「湯家大肉圓」的特色是飽滿厚實，而且淋醬為客家的韭菜醬。特別的是，它的肉圓並非先蒸，而是煮過之後再油泡。一同油泡的，還有店裡稱之為熱狗、實為黑輪的小吃，點了之後會直接放在大肉圓上淋上韭菜醬。

雲林斗六西市「鄧肉圓」於民國五十七年由鄧秋鋮先生創立，現在註冊商標上的「登邑」取自其本姓。從民國八十八年開始，第二代的鄧進榮先生開始發展連鎖加盟店，因此現在不論是在台北市的萬華，或是新北市的蘆洲、樹林都能夠吃得到。

肉圓的歷史：清蒸

我們時常聽到，彰化以北喜歡吃油炸的肉圓，彰化以南則流行清蒸肉圓，或是肉圓的作法為南蒸北炸，這些說法其實都是不正確的。因為就算是彰化以南的雲林和嘉義，肉圓基本上也都是油泡與油炸式的。甚至北往新竹，東向南投，肉圓店的門口依舊支著被米白色圓盤似的白泡肉圓填滿的鎮店油鍋。事實上，蒸肉圓的勢力範圍和油泡肉圓完全無法相提並論，主要棲身於源自嘉義縣阿里山鄉的東水山，流經台南市區的曾文溪以南，而且是由更南方的屏東縣潮州鎮開始發展，再向北影響高雄和台南。

我們可以從屏東的肉圓老店推估出，約末在七、八十年前，屏東開始出現了清蒸肉圓。不過，問題是，為什麼是在屏東？

清蒸肉圓和油泡肉圓的製作方式，其實在蒸製這一步之前都大同小異，**但兩者之間最大的差異，是在於肉圓皮的原料**。原本北斗的肉圓由於粉漿中高比例的地瓜糊，蒸製出來的口感差，因此才透過油泡和油炸的方式來增加彈力。然而，屏東肉圓則在粉漿中提高在來米老米（秈米）的比例，因此溶解後黏度低的直鏈澱粉含量高，甚至完全使用在來米米漿，創造蒸出來如同河粉粿條般的口感與外觀。

過去台灣的主食，長期以來都是以番薯與稻米為主。根據福建連江人的明朝儒生陳第，他在一六〇三年（明萬曆三十一年）所著、調查當時台灣的經歷《東番記》中記錄：「**器有床，無几案，席地坐。穀有大小豆，有胡麻，又有薏仁，食之已瘴癘；無麥。蔬有蔥，有薑，有番薯，有蹲鴟（音「ㄉㄨㄣ ㄔ」），大芋）。**」十七世紀初，番薯就已經出現在台灣漢人的平常生活之中了。雖然也有產稻米，但事實上，從清朝到一九五〇年代左右，由於稻米對農家極為寶貴，多將之用於納租或販售以購得其他生活用品，台灣人的主食還是以番薯、或是混合番薯煮成的粥飯為主。也因此，地瓜粉才會廣泛運用在許多台灣小吃之中。甚至因為這樣，以前的原住民還曾經用「噗」這個放

漿，選用的米為囤放一年以上的舊在來米混合新在來米。之所以這麼做，是由於舊米乾燥密實，黏合性比新米佳，磨漿後則會再加些番薯粉以增加黏度。

肉圓的四大元素

一碗美味的肉圓，被「外皮」、「內餡」、「醬料」及「湯品」四大元素所左右。雖然外皮會因為使用原料與烹製方式的不同，而有著不同的口感，但是如果在滑嫩中帶著彈性，在軟綿中帶著勁道，甚至光是單吃就很好吃，就是成功的外皮。

內餡則要飽滿與調味兼俱。主料的靈魂——豬肉選擇後腿肉或胛心肉的瘦肉，然後做成絞肉、肉絲或肉角等三種型態。此外，也有像是彰化的「八卦山下燒肉圓」這樣，有著肉絲與肉丁兩種餡料可選的店。調味則以胡椒粉、五香粉、油蔥酥、醬油等醃製。至於筍丁、香菇、蔥花、蛋黃、干貝、蝦仁等餡料，則應在不破壞皮餡一體感的原則下配比調製。

另外，由於肉圓的外皮是由粉漿製成，本身沒有什麼味道，因此各店家的獨門醬料，就是代表了該店的味道。這種稱為米漿醬或辣米漿醬的基本原料很簡單，是醬油、水、糖、鹽和在來米粉或糯米粉。店家或加入味噌提鮮，或混入辣椒粉增辣，或加番茄醬、梅子粉等提味。最後再按照各人喜好，加蒜泥、香菜末或芹菜末。

與其說湯品可化解肉圓的油膩，倒不如說湯品可以化解肉圓的乾。許多店家都會免費提供大骨湯或柴魚高湯，讓客人配著吃，或是最後再來上一碗湯。甚至有許多人喜歡只先吃皮不吃肉，然後用湯泡著肉喝。幾乎一間肉圓店裡必不可少的湯品就是四神湯了。除此之外，還有前文介紹過的龍骨髓湯，以及菜頭湯、貢丸湯、脆丸湯、香菇丸湯、苦瓜肉湯、金針肉湯、豬肚湯等。

4

沙茶火鍋配
牛頭牌沙茶醬

台灣的沙茶火鍋在湯頭上以扁魚、老母雞和豬大骨高湯為主，火鍋配料豐富，肉類也不限於牛肉，各種海鮮、蔬菜、餃類、菇類等，應有盡有。

台灣人愛吃火鍋，卻有一個很要不得的壞習慣——吃什麼鍋都要加沙茶醬！吃涮羊肉的蘸醬加一堆沙茶醬，吃酸菜白肉鍋的佐料也加，吃重慶火鍋還要加！搞得百鍋一味，毫無品味。

朋友看我吃鍋總不加沙茶醬，結果到了西藏路上民國三十六年開業、七十年沙茶火鍋老店「紅樓東家沙茶火鍋」（東家食堂）時，卻看我使沙茶醬使得十分熟練，不亦樂乎。紅樓東家沙茶火鍋雖然名稱有「紅樓」，現址卻在南機場夜市附近的西藏路上，算一算，他們從西門町紅樓搬來已有數十載。食堂的沙茶醬香，湯頭又好，光是上個冬天，我就已經去喀掉好幾鍋。

台灣沙茶火鍋源自於廣東省潮汕地區的牛肉鍋。民國三十八年以後，由於人文與原料環境的不同，台灣與大陸的潮汕火鍋也逐漸走上不同的路。台灣的火鍋在湯頭上，以扁魚、老母雞和豬大骨高湯為主，廣東潮汕火鍋則是清水湯底，用牛骨加南薑熬製的湯，部分店家會再配幾塊白蘿蔔或苦瓜，或者再送幾個牛肉丸；在吃法上，台灣的潮汕火鍋配料豐富，肉類也不限於牛肉，各種海鮮、蔬菜、餃類、菇類、魚漿類、豆腐、丸類、排骨酥等，應有盡有。

早在民國三十四年、台灣剛光復，國民政府就指派潮汕人來台灣接管日本人所留下的製糖會社，因為潮汕地區是蔗糖產地，且對製糖事業非常熟悉。民國三十八年大陸失守後，更有大量潮汕人隨國軍來到台灣。他們不但帶來了汕頭沙茶牛肉爐，也帶了沙茶醬和各種沙茶菜餚。潮汕牛肉火鍋最早的作法，是用沙茶醬做為鍋底的牛肉爐，再用火慢煮牛肉，口味濃重，在當時相當流行。一般潮汕牛肉搭配的醬料主流分為兩種，一個是沙茶，一個是普寧豆醬，這兩種醬料都是潮汕獨有的醬料，而且很多店會再進行二次調配。到了一九八〇年代，由於卡式爐的應用，把沙茶醬放入鍋裡容易糊底黏鍋，才形成現在的清湯鍋底。

傳統上台灣人雖然不吃牛肉，但在日本統治之後，由於明治維新後的日本鼓勵民眾學習西方人吃牛肉，因此也在台灣鼓勵牛隻的養殖和食用。雖然潮汕沙茶牛肉飲食在一九四九年後消費者仍以潮汕人等外省人為主，但隨著台灣在一九七〇年代轉型為工商社會，食用牛肉的習慣也更加普遍。

台式火鍋就是沙茶火鍋

出生於民國二年、廣東潮陽人吳元勝先生與小他六歲的弟弟吳英松先生，不但是最早將沙茶醬引進台灣的人，也是最早在台灣開沙茶火鍋店的人。抗戰爆發前，吳元勝在廈門開了「清香」沙茶火鍋；來到台灣後，他先是在台北天后宮附近賣沙茶牛肉；民國四十年，他搬到西門町紅樓戲院旁的小巷子開了台灣第一間沙茶火鍋店「廣東汕頭清香號沙茶火鍋」，由於口味前所未有，生意興隆。到了民國五十年，更成了沙茶火鍋的全盛期，附近店家紛紛改賣沙茶火鍋，紅樓戲院附近因此變成火鍋一條街。

而後，吳元勝的兒子吳藩俠分家，另立門戶。民國五十五年，在當時很紅的韓國料理「阿里郎」旁邊開了「元香」，元香的「元」取自父親「吳元勝」名字。之後生意越做越好，又在信義路現址開了分店。根據曾齡儀在《沙茶：戰後潮汕移民與臺灣飲食變遷》一書所述，由於「**潮汕人特別愛用『香』字做為店家招牌，強調食物香醇可口**」，所以「清香」、「元香」的店名皆有加上「香」這個字。

不過，元香的湯底和清香是不一樣的：清香的鍋底有使用扁魚；元香的湯則以豬、牛骨為基本鍋底，加上了白菜、番茄、豆腐、蔥段、冬菜和豬油提味，不加扁魚。元香最著名的沙茶醬，原料則包括芝麻、扁魚、蝦皮，加上花生粉、椰子粉、辣油和藥方炒製而成。

可惜，隨著西門町盛況不再，SARS後生意更是每況愈下，西門町的元香老店黯然退場。吳藩俠在二〇〇〇年過世後，第三代的吳振豪兄妹四人也正式接班。

相較起來，元香的價錢比較貴。焦桐先生在其《暴食江湖》中的

〈論火鍋〉提到元香時寫道：「我對沙茶醬的體驗主要來自沙茶火鍋，如今台式沙茶火鍋已式微。偶爾我去『元香沙茶火鍋店』，帶著懷舊的意思，恐怕是為了他們的沙茶醬；店家強調採用本地黃牛肉，牛五花確是頗有滋味。不過這是一家昂貴的店，店家的自我感覺良好。其實只要其他條件好，貴即有貴的道理，可惜服務員顯然缺乏訓練。」不過，元香的生意還是很好，週末排隊的人仍然很多。

二〇〇九年，吳藩俠的老三吳鎮豪以年輕消費者為對象，在忠孝東路創立了「老西門沙茶火鍋」，裝潢、菜單、服務都一反傳統。湯頭除了傳統口味之外，還多了痲辣、泡菜、叻沙三種全新鍋底，並加入年輕人吃鍋所喜愛的名牌冰淇淋及蛋糕、咖啡等元素。唯一和老店元香的連結，只剩下自家招牌的沙茶醬。

早期台北市紅樓周遭的沙茶火鍋店，除了清香系列，還有「小樂沙茶火鍋」；以及已搬到西藏路、以扁魚與大骨美味湯頭和自製排骨酥聞名的東家沙茶火鍋。

另外，位於新北市永和，以炸雞翅和炸旗魚聞名的「麒麟閣沙茶火鍋」，第一代老闆趙木棍曾在東家沙茶火鍋當過學徒。不過，十五歲隻身從彰化來到台北闖蕩的趙木棍，當完兵後剛開始是在當時的台北縣永和路二段一帶從海產攤做起，兼賣沙茶火鍋，隨著火鍋越賣越好，也就從小攤變成了火鍋店。

此外，由於幾乎每個到麒麟閣吃火鍋的客人，都會在等湯滾的時候，點一盤炸雞翅或炸旗魚，因而有了「炸雞翅以前是員工餐，客人吃後讚不絕口，才正式登上菜單」的江湖傳聞。但事實上，因為這間店一開始就是海產店兼賣火鍋，有客人來攤子要點卜肉，因為手邊剛好有旗魚生魚片，老闆就用卜肉作法來炸旗魚，結果客人吃得讚不絕口，炸雞翅也是因為這樣而大受歡迎，意外成了它們的招牌。

早年新生南路台灣大學僑生宿舍旁邊也有一家汕頭沙茶牛肉麵店，是來自汕頭的顏先生在民國四十九年創立的。他的沙茶醬使用傳統的汕頭鯿魚、花生、椰子粉、南薑來烹煮，味道特殊，牛肉特別嫩，價錢又便宜，很受學生歡迎。後來，搬到新生南路對面，很多學生喜愛光顧，早期許多台大畢業生從國外回來，還會特地去新生南路尋找這家老店。顏老闆女兒及夫婿承繼父母親的手藝，繼續營業，也常常人滿為患。前幾年第三代的外孫女從法國留學歸來，又繼續經營擴大門面，搬到溫州街附近，改名「廣東汕頭至香園」。他們的一些小菜也很到味，搭配沙茶牛肉麵尤其好吃。

台中知名的沙茶火鍋則有「汕頭牛肉劉」和「台灣陳沙茶火鍋」。台南的「小豪洲沙茶爐」是由廣東汕頭人陳木盛一九七〇年代自軍中退伍後，於民國五十年開設。之所以取名小豪洲，乃因其叔陳豪洲教他製作沙茶醬的方法。除了小豪洲沙茶爐外，台南的沙茶火鍋知名店家還有金華路「廣東沙茶爐」、「新榕江沙茶爐」與「松大沙茶爐」等。

高雄歷史最悠久的汕頭沙茶火鍋，是民國三十二年由張桂泉創立，現在全台有多間分店的「汕頭泉成沙茶火鍋」。招牌沙茶扁魚湯頭的主要食材加入了油酥過後的東港刺扁魚和赤尾青蝦，手工沙茶醬分為招牌香辣與不辣兩種，以香酥扁魚、蝦米、蒜酥、中藥食材、花生油、少許花生粉等十至二十種香料，再研磨成細顆粒狀，耗費兩天時間製成。另外，還有許天賜與鄭鸞嬌夫婦於民國三十六年開業的「天天沙茶火鍋」；民國五十九年由來自廣東朝陽的老闆楊水來開設的——原名「味味香食堂」——「味味香廣東汕頭牛豬羊肉爐」，並兼賣各式熱炒；來自廣東汕頭的許清波，則於民國四十七年創立以名人愛店而聞名的「廣東汕頭勝味牛肉店」。

屏東的排隊名店「新園正宗廣東汕頭牛肉爐」，位於屏東夜市被稱為「火鍋巷」的興市巷中，民國四十七年開業。湯底皆以扁魚、蝦米、冬菜、芹菜與豬大骨、雞骨熬煮而成。第一代老闆許岳禮在民國三十六年由汕頭來到高雄，後來又輾轉到屏東工作，賣起了汕頭的沙茶飲食。後來擴大，賣起汕頭沙茶火鍋，並聽了當時來用餐的屏東新園鄉長建議，將店名取為「新園」。

台灣沙茶醬之父劉來欽

台灣光復前，島內很少見到沙茶醬的蹤跡。但在光復之後，先是來台灣管理糖廠的潮汕人，後是國共內戰遷徙的官兵，都將這種家鄉調味料帶來台灣，並運用於各式烹調之中。其中，一九四九年隨國軍來台的廣東潮安人劉來欽，以及一九四七年就為了逃避從軍而渡海來台的廣東澄海人杜象，分別在台灣創立「牛頭牌」與「赤牛牌」兩大與現在台灣人飲食生活密不可分的沙茶醬。

劉來欽來到台灣時大約二十五歲，他原本在台南仁德的糖廠當警衛，與長他兩歲的施罔腰女士婚後生了兩男四女。後來為了生計，辭去糖廠的工作，原先賣雜貨，後來改為賣麵。他改良了清淡口味的陽春麵，以自製的家鄉沙茶粉做成沙茶拌麵，結果名氣越來越大。三十四歲那年，劉來欽開始在他所經營的麵攤以小包裝賣起沙茶粉。

不過，由於沙茶粉的生意比麵攤還要好，於是劉來欽乾脆把麵攤收了，專心賣起沙茶粉。

在一般民眾習慣聽廣播的民國四、五〇年代，吃過劉來欽沙茶麵的中國廣播公司台南台台長趙森海，在其節目《點心攤》中大力推薦劉來欽的沙茶粉，因而在南台灣逐漸打出知名度。

一九五八年，劉來欽在台南市衛民街成立「好來一食品廠」。一開始，好來一食品廠只生產沙茶粉，以小塑膠袋包裝，使用時須加湯攪拌；後來開發了玻璃瓶裝的沙茶醬，可直接拌用。沙茶醬完全以手工充填、封蓋、貼標籤，裝入紙箱後，以草繩打包運送。一九六三年，好來一食品廠改名為「好帝一食品廠」，並將衛民街製造沙茶醬的設備遷回東成街，並以「牛頭牌」及「五瓣梅花」為註冊商標，開啟公司發展另一個新的里程碑。

牛頭牌的名字起源，據說是因為劉來欽和大兒子都屬牛，且牛最能吃苦耐勞，所以取「牛頭牌」為註冊商標。不過據劉來欽的大女兒表示，他父親的靈感「**一方面來自小時候幫忙務農，對牛隻備感親切，另一方面他想到日本著名的『森永乳業』以一隻可愛小牛為標誌，遂以『牛』做為商標圖像，搭配五瓣梅花。**」（見曾齡儀《沙茶：戰後潮汕移民與臺灣飲食變遷》一書）

如今，牛頭牌沙茶醬已是無人不知無人不曉，而劉來欽先生也被譽為「台灣沙茶醬之父」。晚年，他回中國大陸潮州老家常居，於二〇〇七年過世。

沙茶醬的歷史

唐魯孫先生在其〈歲寒圍爐話火鍋〉一文提到沙茶醬時，則言：「**台灣光復不久，紅樓圓環發現了幾家賣沙茶牛肉爐的。除了肉類內臟，還加上魚丸、貢丸、魚餃、牛腦、脊髓，所謂沙茶實際是來自馬來西亞，而不是中國發明的。『沙茶』也是馬來話譯音，意思是『三**

塊』。馬來人習慣把三塊肉穿在竹籤上，在滾開醬汁裡涮著吃，每串三塊，所以叉三塊以訛傳訛就變成沙茶了。沙茶醬的原料以蝦米、編魚、花生、椰子粉為主，配料有薑粉、辣椒粉、蔥幹、蒜頭、五香、芝麻、糖、鹽，以椰子油炒製而成，而且各有祕方。本來用來炒菜用的，現在反而變成吃火鍋必不可少的蘸料了。」顯然與現在一般的認知的沙茶不同。

說起沙茶，還得先從沙嗲講起。清朝康熙年間，由於連年的自然災害，潮汕地區不少人被迫下南洋謀生。所謂南洋，是明清時期對東南亞諸國的統稱，地理包括現在的馬來西亞、新加坡、菲律賓和印尼等國，潮汕話稱「下南洋」為「過番」。

沙嗲原為印尼文的「Satay」的譯音，意思是「烤肉串」，是印尼的一種風味調味品，又可分為印尼型與馬來西亞型兩種沙嗲醬。由於閩粵商幫在明清時期與東南亞有非常緊密的商貿活動，這些活動也帶來食材與烹飪方式的交流，沙嗲的製作方法也先後傳入福建及潮汕地區，並各自經過改良，取其辛辣之味，與本地特色食材結合。這種改良過的沙嗲，一般稱為沙茶，這是因為在潮汕話（閩南語系）中，「嗲」與茶的發音很像，又可避開沙嗲和「殺爹」同音的忌諱，所以改叫沙茶。

由於沙嗲傳入中國大陸後，改良配方各不相同，所以沙茶又分為福建型沙茶與潮州型沙茶。潮汕牛肉火鍋，用的自然就是潮州型的沙茶。

在潮汕牛肉火鍋大紅大紫前，沙茶醬一直是小而美的存在——當地普遍，外地不知。從十九世紀末期開始，潮汕地區的民間沙茶醬作坊，便如雨後春筍般一家接著一家的開，像是「淘香」、「益香」、「萬香」、「橋香」、「集香」、「瑞園」、「源益」等。

一九八八年，汕頭市金園區調味食品廠改制重組而成的皇牌食品有限公司，其出產的「沙茶王」，更是讓潮汕沙茶醬飛入尋常百姓家。沙茶王更有著潮汕人的「老乾媽」之稱。

潮州型沙茶醬的香料一般會包括花生、芝麻、蝦米、豆瓣、辣椒、五香粉、草果、薑黃、香菜籽、芥末粉、丁香、香茅、炸蒜蓉、蔥蓉、洋蔥等原料。這個配方與潮州滷水用料十分相近，也就是沙茶潮汕本地化的風味。實際製作時，又可分為海貨、堅果、香辛料三大部分。海貨包括瑤柱、蝦米、蝦皮和大地魚（扁魚）乾（潮汕地方稱之為鰈脯），瑤柱泡軟後切碎，把魚乾純肉的部分剪成小片後用平底鍋小火烘香，蝦皮和蝦米也同樣用平底鍋烘香後，將之用料理機打成粉；堅果類則包括了花生和芝麻，同樣是以小火焙香後打碎；香料的部分則如上所述，亦打成粉末；辛料有辣椒、紅蔥頭、蒜頭、南薑，也同樣要打碎，辣椒的量少許即可，打碎的蔥蒜中加少許水，炒的時候就不容易糊了。

炒醬要以冷鍋冷油炒蔥段開始。待蔥段炸至金黃後撈出，然後轉小火加入辛料，不斷翻炒後再加入海貨的部分繼續翻炒，炒到變成咖啡色後，入花生芝麻碎，炒勻炒香，再入香料粉翻炒，最後加入糖、魚露、醬油來調甜鹹味即成。

沙茶醬除了做為潮汕牛肉火鍋的蘸料外，在潮汕飲食中的應用也十分廣泛：沙茶牛肉、灌麵、灌粿條、灌餃、沙茶炒花甲、沙茶焖鴨塊、沙茶炒田螺等，均為使用沙茶入菜的常見菜式。

5

潮汕牛肉鍋——會跳的牛肉

想成為牛肉火鍋的老饕，得記住口訣，謂之「三起三落」：三浸三晾，過秒即撈。然後，用筷子將牛肉展開，十秒之內必須入口。

廣東潮汕牛肉鍋雖是台灣沙茶火鍋的元祖，經過幾十年的演變，已經講究到必須在牛隻屠宰後三小時之內上桌的新鮮食用方式，並且對每個部位要用什麼刀工、何種厚薄來切涮才好吃都嚴格要求，這種吃法也帶動了潮汕牛肉鍋的新風潮。

講求精細的牛肉火鍋文化

其實潮汕地區並不產牛，本身更沒有像北方一樣水草豐美的牧場，因此潮汕牛肉火鍋所用的牛並非本地生產，而是來自川、貴、藏等地的黃牛，這些地區很多牛都在山地放牧，牛每天都在上坡、下坡覓食，頭部、四肢運動得更充分，所以山地黃牛是潮汕牛肉火鍋的首選。這些牛隻會先被送到三千公里外內蒙古的通遼牧場，飼養後再運至汕頭，絕不餵食飼料，而是以草和玉米梗育肥一段時間後才宰殺。至於為何不直接使用北方的牛呢？這是因為北方吃的是內蒙古的西門達爾牛，肉質較硬，且脂肪分布不均，比較適合燉煮和燒烤，不適合拿來涮。

一般來講，牛可分為三類：公牛、母牛和閹牛。公牛的肉堅韌，適合拍打肉丸；母牛的肉柔軟，適合涮火鍋；閹牛也比較適合涮火鍋，一些部位的口感甚至比母牛還要好。最適合涮火鍋的牛則是三歲的母黃牛。

一九五五年之後，中共發布了《關於防止濫宰耕牛和保護發展耕牛》的規定，只有確實已經不能耕作的老牛和殘牛，才可以賣給食品公司或者屠宰商宰殺。不過，各地還是可以根據具體情況，規定出正常的宰殺比例和標準，但是屠商所需的菜牛一律由供銷合作社供給或指定收購，不得直接購買，任何機關和農民都禁止私宰耕牛。直到一九八四年，中共中央、國務院發出《關於幫助貧困地區儘快改變面貌的通知》，其中一條放寬的政策是「**牲畜可分到戶或作價歸戶，私有私養，允許自宰自售**」。在此之後，尚未成為特區的汕頭夜市中，才開始出現牛肉火鍋。

一九九〇年代之後，隨著冷鍊運輸技術的進步，加上潮汕菜「精細」的內涵，體現出一頭牛哪些部位適合做火鍋、哪些適合做牛丸、哪些適合燉牛雜、哪些適合做牛肉乾？各部位要用什麼刀工？何種厚薄度涮起來最好吃？——引爆不管對牛肉鮮度以及各部位的分切都精準要求的潮汕牛肉鍋風潮。

其中，林海平所創立的「八合里海記牛肉店」最有名。八合里原是汕頭市一條巷子的名字，林海平從二十三平方公尺的小店發跡，到現在最大間的店已有兩千多平方公尺。他們不但有自己的牧場和屠宰場，更全程使用自己的供應鍊，是全中國連鎖潮汕牛肉鍋的第一品牌，已有七十三家連鎖店。

當地牛肉火鍋店分為早上七點和下午一點兩段宰牛時間，一天兩次將當日新鮮的屠宰牛肉送到店裡。新鮮期時間極短，需要牛肉在屠宰後的二～三小時內上桌，最好不要超過四小時。潮汕地區的牛肉鍋已經形成非常完善的產業鏈，當地屠宰場的屠宰時間基本上也是配合火鍋店，早上屠宰供午餐使用，下午屠宰供晚餐使用。

牛肉之所以要在宰後二～三小時內上桌，是因為一旦超過這個時間，牛肉就會進入僵直期，肉的延展性逐漸消失，轉為無光澤，並且呈現僵硬狀態。進入僵直期的牛肉不但硬度大，而且不易煮熟，也毫無風味可言。這是由於被屠宰的畜產呼吸停止後，供給肌肉的氧氣中斷，開啟了糖的無氧酵解過程（糖解）。肌糖原在糖酵解酶的作用下，分解為乳酸，生成的三磷酸腺苷減少。在持續的酸化下，蛋白質會大量凝結，使得肌肉纖維都緊密的連在一起，這時的肉變得非常的緊，也就是「僵直」。

但若是酸化過程繼續下去，蛋白質的溶解度反而會提高，細胞也會開始崩解，產生各種能夠分解蛋白的酶。一旦酶開始分解蛋白，原本緊密的肌肉纖維就會斷裂與分解，使得肌肉組織再度軟化，原本的蛋白質更會轉變為氨基酸，這便是牛肉的熟成過程。

於是新鮮牛肉到貨後，十幾位師傅就要在第一時間將牛肉的各個部位分解。由於牛從屠宰到現場還不到半個小時，因此甚至可看到肌肉在抽動，之所以如此，是因為其神經纖維的末端部分還沒有停止運作。也只有帶著體溫、還會跳動的牛肉，才能成為潮汕火鍋的食材。不只如此，在切肉的當下，不但可以看出牛肉的新鮮程度，還可以看出這隻牛老不老。如果在肉的中間有一層膜的話，膜越厚則肉越老。剛解體的牛，能用來做牛肉丸的只有30%，能直接用來做為火鍋食材的則更少，僅有20%。

潮汕人喜歡把涮牛肉叫做「焯」牛肉，也就是「稍微放一下就拿出來」的意思。想成為吃牛肉火鍋的老饕，得記住汕頭人焯牛肉的口訣：一吊血水，二吊酸性，三吊纖維，謂之「三起三落」。作法是三浸三晾，過秒即撈；然後，用筷子將牛肉展開，十秒之內必須入口。

汕頭人對牛肉的各部位有自己的一套專有名詞。牛身上的十個部位，就需要十種不同的切法，以求得最佳口感，並保證每一片肉的厚度一致。潮汕牛肉裡的「吊龍」前半部分相當於我們常說的肋眼，後半則為沙朗的部分，有脂肪卻不油膩，口感滑順而甜美。「吊龍伴」，又叫吊菱膀，是吊龍的兩條帶著肥肉的側邊，比吊龍更加香滑肥嫩，有一點肥，可以看到一層白色的厚油，但涮了之後咬起來則是脆嫩且香。這兩邊最好的部位又叫「龍蝦須」或是「伴仔」，樣子很像龍蝦的大觸角，一條只有幾兩重，是菁華中的菁華。

「脖仁」的「脖」就是脖子，顧名思義是頭頸上的某塊肉，「仁」在潮汕話中是果實、中心的意思，脖仁指的就是牛脖子上那塊微微突起、最經常活動的肉的核心部分。西餐中，這個部位是Chuck eye log，但脖仁的範圍更小，只占一頭牛的1％，而且還不是每頭牛都有。脖仁肥瘦相間，一般薄切處理，有著大理石般的紋路，因此又稱為雪花，口感柔嫩多脂而鮮甜脆爽。

「匙仁」和「匙柄」相當於上肩胛肉和下肩胛肉。匙仁（Chuck

flap）被譽為嫩中之嫩，它位於肩胛里脊的內層，在日本燒肉中稱為上肩肉，切成一公釐的薄片，脂肪散布於肌肉纖維中，吃的時候可以同時感覺到油脂的柔潤與肉質的嫩滑。匙柄（Chuck rib）也就是板腱肉，在一頭牛裡只有兩條，大致是肩胛小排的部位。被稱為匙柄是因為將其切片後，中間會有一條明顯的肉筋紋路，像鑰匙的柄一樣，入口爽脆。

「花趾」為牛腱子芯，是牛腱子最中心的一小塊，因其漂亮的筋花，所以被稱為花趾。這部位又可分為肉上紋路是五條筋的五花趾（Hind Shank），和肉上紋路為三條筋的三花趾（top blade或fore shank）。要吃到牛後腿的「五花趾」，可得碰碰運氣了，這是因為其出肉率極低，一頭牛身上只能切出約七百克左右。這部位的肉，特別之處在於就算是煮的時間稍長，吃起來也不會老，切成〇・八公釐薄片後，下鍋就會打捲成耳廓狀。一片五花趾的肉中，筋與肌肉緊密交錯，吃起來脆彈無比。三花趾則出自牛前腿，也是牛身上的稀有部分，位於肩胛骨裡側，有粗筋，切片紋理如同樹葉，口感也是彈牙有勁。

其他像是「嫩肉」指的是臀腰肉，肉質偏瘦，是口感比較普通的部位。「肥胼」是經過精修的牛腩，只留牛腩腹心及上面一層牛油，切開來之後每一片有著明顯的兩層：一層嫩肉與一層黃色牛油。「胸口勝」也稱為胸口油，屬牛前胸的軟組織，切成薄片後，看上去像黃油塊，放入鍋中任憑煮多久都不起變化，吃起來嚼勁十足而脆爽。

廣東潮汕火鍋將最好的牛肉食材交給了我們，至於好不好吃，就要看自己涮肉的功力，各憑本事了。涮牛肉的水溫以攝氏八十～九十度為佳，水開之後就轉小火，火不要太大，以文火為佳。如果火太大的話，不但會將牛肉的血水鎖在裡面，還會使湯水產生過多的血沫，影響接下來涮肉的品質。

吃潮汕火鍋要遵循三條原則：先牛肉後蔬菜、先瘦肉後肥肉、先耐煮後易熟。吃潮汕牛肉火鍋，通常先吃的是牛肉，後面再吃蔬菜。

所謂「先瘦後肥」的順序，可以先從嫩肉、牛舌開始，接著是三花趾、五花趾，再涮匙柄、匙皮，然後是吊龍、脖仁，最後才是肥胼、胸口勝。

除了牛肉鍋之外，一般的牛肉鍋店還會兼賣牛肉筍煲、牛肉乾、炸牛肉餃、牛肉粥等餐點。

客家人帶來潮汕牛肉丸

粵菜又分廣府菜、潮汕菜和客家菜三個菜系，相互獨立也相互影響。潮汕地方沒有興盛的牛隻養殖，不過潮汕人和客家人這兩個族群住得很近，客家人在山上，耕作和運輸都會使用黃牛和水牛。潮汕火鍋最重要的品項「牛肉丸」，正是這些客家人發明的。這些牛肉丸是以老得被淘汰的耕牛為原料，肉質乾韌，只好粗剁之後蒸來吃，又稱之為「肉餅」。

不過，雖然客家人和潮汕人都住在粵東，但大多數客家人居住在山區，自給自足，因此並沒有發生大融合的情況。在講潮汕方言的村落，常常在相隔不到幾里的丘陵地上，就到了完全說著客家話的村落。直到第二次鴉片戰爭之後，清政府在《天津條約》中增開汕頭為新的通商口岸之一，經濟發展才吸引客家人前來，也帶來他們的牛肉丸。

到了一九二二年前後，客家人會在白天的時候，在汕頭市街頭挨街串巷的叫賣牛肉丸。晚上，在韓堤路八角亭至公園後面的韓江一帶，則是常有船頭掛著一盞小燈的穿梭小舟，專為停泊在那裡的客家貨船賣宵夜，賣的也是牛肉丸湯。由於潮汕地區地少人多，只能精耕細作，牛一向不是用來耕地的，對吃牛沒有什麼特別禁忌，加上開埠後，西方人吃牛排的習慣早已被潮汕人接受，因此吃牛肉丸很快就在潮汕地區流行起來。

潮汕牛肉鍋的前身就是潮汕牛肉丸。之所以會做牛肉丸，是因為以前吃牛肉只能吃老得不能耕作的老牛，為了得到較好的口感，得長時間用力搥打，將其肉質敲散和敲鬆。敲打潮汕牛肉丸靠的是一雙後臂的力量；工具則是長形的立方鐵棒，以整個面砸下，一秒鐘兩下。不過，搥打牛肉丸也並非一個勁兒不停的搥打。在搥打的過程中，還有一個絕對不能省略的步驟，那就是挑去筋膜和血管。這是因為肉裡的血管和筋膜，就算經過長時間的手工搥打，也不會被打碎。這也正是手工牛丸的可貴之處，在搥打過程中去除那些會影響口感的雜質，也只有花時間把這些雜質一一剔除，才能讓我們在咀嚼牛肉丸時毫無阻礙。

做正宗的潮汕牛肉丸，關鍵是要選對肉，一定要新鮮的黃牛後腿股肉才行，因為牛後屁股上的肉純瘦而且均勻，製作牛肉丸能夠最大限度的施展它的彈性。潮汕牛肉丸與其他地方肉丸製漿手法上的最大區別，是去筋後切塊，不用利刀切碎、剁碎成漿，確保不過度切斷肌肉纖維，透過捶打使肌肉纖維不斷延展摺疊的製法，才造就彈性如此出眾的潮汕牛肉丸。

手工牛肉丸經過長時間搥打，不僅會讓牛肉出漿，產生黏性，還能夠保持牛肉本身的纖維，使肉丸吃起來更加緊致彈牙。而且現在所使用的牛肉，也早已不是那些被淘汰的老牛，而是精挑細選、肉質上乘的牛了，再加上這種嚴謹的製作方式，也讓我們現在吃的牛肉丸口感更上一層樓。

潮汕牛肉丸分為生丸與熟丸。熟丸為肉漿製好之後，用手擠出，再用勺子挖成球形到攝氏七十度水中定型；擠好後直接擺盤的則稱為生丸。此外，潮汕牛肉丸還分為牛肉丸和牛筋丸，牛肉丸脆彈爽口，牛筋丸則是會爆漿的牛丸。煮牛肉丸要判斷熟了沒有，只要看它是否40％浮在水面上就好。

6

薑母鴨——台灣味藥膳食補

薑母鴨，顧名思義是薑與鴨的結合，這也體現了台灣本土火鍋的食補元素。不過，讓薑母鴨成為台灣味的靈魂，其實不是薑母、也不是鴨，而是麻油和米酒。

在冬夜寒風中，我們也許都曾站在三重、東湖、忠孝東路五段、吉林路的街頭，在紅底黑字的招牌下，眼巴巴望著那一張張矮桌被穿著厚重外套、如同人生勝利組的男男女女，包圍著那只炭火簇擁著、罈口如雲山霧罩般的土棕色陶甕。

秋冬季節的用餐時間，各大火鍋店的人潮總是絡繹不絕。雖然樣本資料不盡相同，但在大多數的統計數據中，麻辣鍋一直穩居台灣火鍋菜品的寶座，而第二、第三名，則是羊肉爐和薑母鴨在廝殺拚奪。

不過，與源自川渝的麻辣鍋、東北的酸菜白肉鍋、北京的涮羊肉或是日本的涮涮鍋相比，台灣本土的火鍋有一大特點，那就是它們都是屬於食補的藥膳火鍋，這其中的代表，就是薑母鴨、麻油雞、燒酒雞及羊肉爐。根據蔡珮緹《臺灣薑母鴨及其產業之研究》一文的研究，台灣人特別愛吃藥膳產品和各種不同的補品，這其中，「**何冠清於二〇〇三年碩士論文中歸納臺灣大台北地區六七二位消費者較常食用的藥膳產品，羊肉爐占羊肉爐占59.15%，其次為薑母鴨48.5%與四神湯**

46.5%。」

的確，冬天走在台灣街頭，雖然不是三步一間、五步一家，但幾乎每區的街邊巷尾，都可以不經意的看到那黑色鴨身與紅面鴨頭，以及寫著大大「食補」二字的招牌。根據業者統計，台灣的薑母鴨店約有一千家之多，年營業額一百億元，每年要吃掉三百萬隻鴨，也就是一千五百萬鍋的薑母鴨，而且只開半年。

內湖成功路二段的「皇宮食補紅面薑母鴨」與常見的薑母鴨不同，用的不是闇不見底的陶鍋，更不是用燒得通紅的炭火婉約加熱，而是毫無氣氛的用不鏽鋼鍋和瓦斯爐，讓食材在鍋中載浮載沉。不過，這家的湯頭味道極好，麻油與鴨油不管在視覺或香氣上都特別霸道。門口兩個又大又深的鍋裝著湯底和鴨肉的邊角塊，讓客人自己隨時可以拿著不鏽鋼水瓢再打上一鍋。

在台北吃薑母鴨的話，和炭火陶鍋這種充滿意境的組合比起來，這間反而讓我吃得更滿足。因為在一般以炭火陶鍋烹煮薑母鴨的店用餐的過程中，為了等鴨肉煮到夠嫩，我往往在用下水、豆腐和金針菇這些火鍋料配酒之後，就難以再認真吃肉。也許撈個老半天總會撈到一塊肉質滿意的部位，卻已是接近曲終人散之時。

薑母鴨是什麼薑和什麼鴨？

「**薑母鴨一詞最早出現一九六八年《聯合報》冬令進補的報導中。**」（蔡珮緹，P.6）。不過，一直要到一九八一年，田正德先生在板橋創立「帝王食補薑母鴨」之後，薑母鴨才漸漸轉變成一種火鍋菜品，並為大眾接受和喜愛。

薑母鴨，顧名思義是薑與鴨的結合，這也體現了台灣本土火鍋的食補元素，因為老薑是溫補不可或缺的要角。中醫認為老薑能祛寒，並且增進血液循環，改善虛寒體質。薑母鴨的作法，正是將老薑拍扁後用麻油爆香，以薑兩斤、麻油兩斤的比例，然後加入切塊的鴨肉翻炒後，加入獨家由中藥所調配的香料後燉煮，或是入高壓鍋壓個五分鐘。也因為如此，在老薑用量需求大的秋冬，其價格可以比夏天貴一倍。

此外，雖然一般的說法是，「薑母」指的就是閩南語中的老薑，但更精準的說，老薑是指栽種時間長達十個月、薑肉開始纖維化、辣度很高的薑。**若是老薑一直不採收，留到隔年才與新生成的嫩薑一併採收，才稱之為薑母**。

至於薑母鴨所使用的鴨，則是學名為疣鼻棲鴨（Cairina moschata）的紅面番鴨。這種原生於南美洲的鴨種，約在三百年前由西班牙人引進台灣。不過，俗稱麝香鴨的紅面番鴨，卻和一般的家鴨不同屬也不同種。

不能說的祕密：招牌是黑色紅面鴨，賣的卻是白色番鴨

家鴨（Anas platyrhynchos domestica）是由綠頭鴨（Anas platyrhynchos）馴化和飼養而成的品種。綠頭鴨分布於北半球的寒帶和溫帶，在日本稱為「真鴨」（マガモ / magamo），是日本鴨肉料理中被視為最美味的鴨種。

綠頭鴨與家鴨在分類上皆為鴨屬的綠頭鴨種，紅面番鴨則為棲鴨屬（Cairina）疣鼻棲鴨種（C. moschata）；兩者既不同種，也不同屬。那麼，鴨屬和棲鴨屬又有何差別呢？

鴨屬又稱河鴨屬，指的是在水面覓食、但不會潛入水中的鴨，是一種「涉水鴨」（dabbling duck）；棲鴨屬則因為棲息於潮溼林地，營巢於樹洞內，藉助具長爪的趾棲於樹枝上，而被稱為棲鴨。以體型來說，棲鴨要比綠頭鴨來得大，成鴨的體長可達七十六公分，綠頭鴨則為五十～六十五公分。

台灣的鴨如果以利用方式來區分的話，可分為蛋用與肉用。蛋用鴨種為褐色菜鴨，由於很會生蛋，因此被稱為「鴨母」，原產於中國大陸沿海，由先民自福建帶來台灣。肉用鴨種則有又稱為櫻桃谷鴨的北京鴨、番鴨，還有正番鴨與母菜鴨交配且不具生殖能力的土番鴨，以及北京公鴨與菜鴨的交配種、又俗稱宜蘭改鴨的白色菜鴨。

前面提到，紅面番鴨原產於南美洲，巴西的燉煮料理「木薯醬裡的鴨」（Pato no tucupi，英文duck in tucupi sauce）所使用的，正是台灣薑母鴨裡的紅面番鴨，其羽毛為黑色，自引進之後，一直與菜鴨和土番鴨為台灣的主要鴨種。直到一九八四年，法國農業研究院贈送了羽毛全白的番鴨種蛋後，由於「**黑色番鴨需飼養二十二週，白色番鴨僅需十六週，飼料成本白色較黑色低，以飼養上的邊際效益上，黑色紅面番鴨比較不符合成本**」，而且「**白色紅面番鴨為黑色紅面鴨的一倍大**」（蔡珮緹，P.51）。因此，**現在薑母鴨店所使用的多為白色紅面番鴨**，而不是我們在招牌上看到的黑色紅面鴨。

既然如此，又為什麼硬要把黑色紅面鴨當成招牌呢？我想，這大抵是因為黑色紅面鴨看起來比較兇猛，讓人有「很補」的感覺吧！至於一鍋薑母鴨的用量，以帝王食補薑母鴨為例：「**一隻鴨可以剁分成五十二塊……一隻紅面番鴨公約可以做成五份薑母鴨販售，平均一份薑母鴨約有十塊肉。**」（蔡珮緹，P.63）

至於薑母鴨為何會選用番鴨，而不是口感更嫩的綠頭鴨與北京鴨，則是因為綠頭鴨與北京鴨的脂肪含量比較高。雖然說日本關西一帶流行的「鴨鍋」所使用的就是綠頭鴨或是野生綠頭鴨與家鴨的交配種「合鴨」，但也許台灣人吃不慣脂肪量那麼高的鴨種，比較偏愛瘦肉多、適合長時間燉煮的品種，而且還必須選用肌肉較為結實的公鴨。不過，肉質太老也不好吃，因此羽翼尚未生長完全時的番鴨，最適合用來做薑母鴨。

薑母鴨是菜還是鍋：泉州薑母鴨vs.台灣薑母鴨

雖然前述薑母鴨是火鍋的一種，在台灣好像視為一件理所當然的事。不過，在福建省閩南的泉州也有薑母鴨，只不過泉州的薑母鴨並不是鍋，而是一道砂鍋燉菜。在閩南地區，薑母鴨也稱為鹽鴨。根據陳靜宜的〈薑母鴨的尋味之旅〉一文，她將醬色較深的廈門薑母鴨稱為黑派，而泉州不上醬色的稱為白派。

閩南的薑母鴨以砂鍋燉製，一鍋一隻鴨鹽燒。這種鹽燒的作法，指的是在以火加熱的鐵鍋與置於其上的砂鍋之間隔著鹽，邊燉邊炒，使其受熱均勻而且溫和。有的會在燉好之後，再用剪刀剪成小塊；也有的店家是在燉炒的過程中，就將之剪成小塊，最後再連底下的汁一起拌勻。一次則是一隻或半隻的賣，外觀看起來類似於台灣的三杯雞。

有些食客也許是領略了這一點，因此出現吃薑母鴨完全不點火鍋料，只吃那一鍋的純粹派，只待湯汁漸漸收入鴨肉之中，鴨肉也漸漸在火力催化下變得綿密適口，讓人一飽口福。

台灣薑母鴨的創始人——「帝王食補薑母鴨」創辦人田正德先生，是出生於新竹眷村的山東人。他原本是個生意人，卻在二十六歲因為應酬喝酒過多，被檢驗出肝硬化。他所發明的薑母鴨，正是他為了治病，到處求醫問診，而從一位從上海來台的中醫師手上求得的藥方。由於這個藥方要搭配家禽燉煮，於是他母親便搭配紅面番鴨燉煮。沒想到吃著吃著，他的身體果真恢復了健康。也因為這樣，在重拾健康之後，他決定以這個配方創業，並把那些中藥材磨成粉以便於操作。

不過，讓薑母鴨成為台灣味的靈魂，其實不是薑母、也不是鴨，而是婦女做月子吃的麻油雞中的兩大元素——麻油和米酒。其中的紅標米酒，不但在許多的台菜中不可或缺，更深深植入了薑母鴨的味覺分子之中。

薑母鴨的靈魂：紅標米酒

吃薑母鴨的老手，會取一個碗，先在碗中斟上半碗紅標米酒，然後再以1：1的比例澆入鍋中的熱湯——那一口下去，可謂通體舒暢！不但寒意全消，香氣更環繞於口鼻之間。

早期來台的漢人多為閩粵人士，其飲用酒自然以稻米釀造。一直到日據時代初期，台灣的釀酒方式都是使用「在來法」，也就是將煮好的米飯放涼後，撒上白麴自然發酵而成。在來法所製成的米酒，由於民間使用的白麴雜菌多，因此不但各家所釀出來的酒味道不同，釀酒失敗的機率也很高。一九二二年，米酒開始專賣釀造後，雖然釀造方式依然是在來法，不過麴種的質和量則是不斷提升。

到了一九二七年，當時中央研究院的釀造科技師神谷俊一去當時法屬的越南出差，他在當地一間酒廠，發現該廠使用的是「阿米洛法」（Amylo）這種釀酒方式，並引進台灣用來製造米酒，才出現了後來的紅標米酒。

阿米洛法也叫酸化法，是將原料的米、水、少量鹽酸等混合，然後以高溫、高壓、蒸煮、液化、冷卻，先後接種糖化菌、酵母菌進行糖化及發酵，最後蒸餾而成。這種製酒方式，可以在傳統白麴中分離出兩種糖化發酵能力強大的菌種，以節省原料、縮短製造時間，還可以機械化與規格化生產。因此，一九三一年，台灣開始正式以阿米洛法製作規格化的米酒，並分為第一、第二、第三號三種等級，其中的二號，是以米酒與糖蜜酒（甘蔗製成的食用酒精）以6：4調配而成，後來改名為「赤標米酒」，也就是現在的紅標米酒。

不過，為什麼台灣的紅標米酒與日本的清酒同樣都是以米為原料，價格卻差得天高地遠呢？這是因為日本清酒是在精磨米心後，再透過酒麴緩慢發酵而成的釀造酒，製作一升的純米大吟釀需要用到兩公斤的米；紅標米酒則是蒸餾後與食用酒精調配而成的，因為煉製砂糖而殘餘的糖蜜，若經過繼續發酵蒸餾，就會成為食用酒精了，所以紅標米酒原料成本便宜許多。不過，也許就是紅標米酒中的這個味道，才讓它與薑母鴨如此一拍即合，因為，薑母鴨的湯底，也正是用甘蔗頭熬成的。

台灣的薑母鴨霸業

「霸味薑母鴨」以三重總店為霸，另有萬華、內湖、民權等十間員工總計上百人的直營店，光是十家直營分店的年營業額就破億；全台灣還有超過一百家的加盟店，是台灣薑母鴨店中最顯赫的招牌。六十八年次的高育生是全台霸味薑母鴨的總店長，從國中開始，他就跟著舅舅學做薑母鴨，到現在已經二十多年。店裡所使用的是由屏東專屬鴨場送來的、每隻五斤的白毛番鴨，麻油為雲林北港的老牌製油廠所出產。

天冷的時候，如果要吃到三重總店的薑母鴨，至少排上半個小時到一個小時以上是家常便飯。在這個時節，店裡一天可以賣出七十～九十鍋的薑米母鴨，而總店薑的用量一天更是會到上百斤。

另外值得推薦的，還有位於新店中正路的「阿蘭姊薑母鴨」，除了薑母鴨外，還有羊肉爐、何首烏、烏蔘雞、麻油雞、蛤蜊雞、竹筍雞等台式火鍋，也兼賣各式熱炒。此外，還有兩間是紅蟳薑母鴨鍋，溫補的薑母鴨搭配性寒的螃蟹。它們分別是位於台北市民權東路二段行天宮附近的「老主顧炭燒紅蟳薑母鴨總店」，以及台北市承德路二段的「大頭鴨紅蟳薑母鴨」。

7

菜脯蛋——台灣桌菜第一名

一份講究的菜脯蛋，要求的是蛋外酥內嫩、外型圓而厚、菜脯不外露，表面平整光滑，吃起來不油不膩，才算合格。

二〇〇七年，經濟部辦了一場「外國人台灣美食排行No.1」票選活動，結果，菜脯蛋被選為台菜桌菜的第一名。其實，一般老百姓家裡也常常做這道菜，只不過，功夫到不到家又是另一回事。

蛋外酥內嫩、菜脯不外露

菜脯蛋，簡單來說就是醃蘿蔔乾煎蛋或醃蘿蔔乾烘蛋。在台灣，最家常的作法，就是將蛋液混合蘿蔔乾和蔥花，煎熟即可。其實，一份講究的菜脯蛋，要求的是蛋外酥內嫩、外型圓而厚、菜脯不外露，表面平整光滑，吃起來不油不膩，才算合格。

在我心目中，有兩家店的菜脯蛋才夠味，也是我常會去光顧的地方。第一家是位於台北市長春路的「雞家莊」，它是由建成市場的雞販李雪玉在一九七四年所創立的；第二家則是李秀英一九七七年在台北市雙城街巷子所創立的「欣葉台菜」。它們兩家的菜脯蛋，共同點都是外表無焦色，呈正圓形，厚而紮實，一口咬下，被蛋皮封裹住的菜脯與蛋的香氣就直衝口鼻。

這樣頂尖的菜脯蛋在製作上，除了蛋要新鮮，菜脯要先炒香之外，油的用量與火候的掌控更是關鍵。油不多，無法做出蓬鬆的口感；油溫低，蛋無法成型；油溫高，則會變得焦黑。此外，蛋要用常溫的蛋，不要用冰過的蛋，否則做出來也不會膨。而且，最後成品的厚度更是要在一．五公分以上。

菜脯蛋所使用的蛋越多，製作難度就越高。要做出好吃的菜脯蛋，需混合三～四顆蛋的蛋液，裝菜脯和蔥花的碗先不要攪勻，而是蛋汁在一旁，蘿蔔乾和蔥花在另一旁。油鍋的油要稍微多一些，而且要夠熱。接著，不要把材料一次全部倒入，必須分三次倒：先慢慢倒入蛋汁，使其有胚型，再將其他蛋汁、菜脯、蔥花倒在已固定成型的部分，然後在未成型的中間部分慢慢以長筷畫圓圈的方式塑形，待其變得濃稠後，即可晃鍋並翻面，繼續晃鍋——這是為了調整蛋的形狀，使其成為漂亮的圓形。這步驟只要再做二～三分鐘，便可起鍋。

老菜脯是窮人的黑金

菜脯之所以叫菜脯，是因為潮汕、福建與台灣習慣稱蘿蔔為「菜頭」，「脯」是肉乾或經過糖漬再晾乾的果肉，例如肉乾叫做「肉脯」，曬乾的菜頭便叫做「菜脯」。農曆過年前後是製作菜脯的旺季，因為從十一月開始到隔年二、三月，當令盛產的蘿蔔吃不完，就做成菜脯來保存。

菜脯要經過「曬、醃、藏」等三道工序才大功告成：把白蘿蔔洗淨後，放在太陽下曝曬，一層蘿蔔一層鹽裝滿加蓋，然後壓上重石。一週後，再取出搓去水分，再曝曬，直到擠不出水為止。然後，將鹽水煮開，加入蘿蔔浸泡，擠去鹽水後再曬乾，等到變為金黃色後，將之放入乾淨的罈子中壓實封口，半年後就完成了以台灣各地的菜脯來說，北、中、南各有不同。北部以桃竹苗為主的客家菜脯，使用短胖的梅花種蘿蔔，切長條後製作，又分成兩類：蘿蔔洗淨後連皮切成長條，反覆搓鹽、壓重物出水、日曬，約五～七天可完成的條狀「蘿蔔乾」；蘿蔔連皮刨成薄片，不加鹽巴直接日曬約二～三天完成，料理前不需浸泡，但不宜久煮，外型像是古代銅錢的薄片「蘿蔔錢」。蘿蔔刨成細絲，不加鹽直接日曬，約二～三天完成，費時短、顏色偏白，則是客家人用來做為草仔粿、菜包等餡料的「蘿蔔絲」。

中部則是以彰化、雲林、嘉義、南投的閩南菜脯為主。嘉義縣布袋鎮見龍里、振寮里一帶是台灣最大的菜脯加工區，約占台灣菜脯市場的七成。其中包括以整條蘿蔔製作，經反覆搓鹽、重壓出水、日曬，製作費時約一個月，比切條菜脯更粗厚、有彈性，常用於煮湯的胖粗條狀「條仔脯」；以較小、整條的蘿蔔製作，拿來煮雞湯為主的小型條仔脯，稱之為「人參脯」；將蘿蔔對剖切塊製作，形狀為細條，依大小分別被稱為「大脯」、「中脯」，常用來炒蒜苗；「碎脯」則是用表面有瑕疵的蘿蔔製作，以機器切條、曬過後，再用機器切成小碎丁，常用於炒菜脯蛋或做粽子、碗粿配料。而「珍珠脯」則與碎脯相似，為丁狀顆粒，較有口感。

南部和北部一樣常見客家菜脯，產區為屏東美濃，使用以白玉蘿蔔為主的品種，其最大特色在於放在高粱酒或米酒頭的酒瓶中保存。白玉蘿蔔為美濃之特產，將之連皮切條、搓鹽，曬乾後，一片片放入酒瓶壓實，再以高溫燒製的穀殼灰或燒柴灰屑幫瓶嘴封口，取用時再以小鐵勾將菜脯勾出。

在美濃，傳統菜脯有兩種醃漬方法，一是用豆粕、鹽巴、糖醃漬的甜菜脯，一是純粹用鹽來醃漬的鹹菜脯。前者醃漬數天即可以食用，主要是當成配飯鹹菜；而當地的老菜脯則是後者，可甕藏數年至數十年之久。

蘿蔔乾若是曬至剩約一成水分收藏於甕中，隨時間由黃轉黑會變成老菜脯。在台灣，陳年的老菜脯被稱為「黑金」，又因為含有豐富的營養成分，所以又被稱為「窮人的參」。使用粗鹽醃製的白蘿蔔，抑制雜菌生長，菜脯靜置三年後變成褐色、十五年會變成深褐色，到了二十年後就會變成黑色。十幾年以上的老菜脯，一斤可賣到一千到兩千元，滋味是越陳越甘。

用陳年老菜脯煮成的雞湯，所使用的老菜脯呈現深黑色，外型類似軟掉的木炭。但烹煮菜脯雞湯，通常要以老菜脯搭配新菜脯，如此搭配起來的味道才會恰到好處，湯頭濃郁回甘。

菜脯雞湯

- 先將雞肉切塊汆燙。
- 加入老菜脯與少許米酒、薑片一起入鍋燉煮。
- 經過一、兩個小時的熬煮，待老菜脯的菁華融進雞湯裡。
- 最後再加少許鹽巴提味即可。

花心大蘿蔔

花心的人常被叫成「花心大蘿蔔」，但卻沒人會叫花心大西瓜、花心大冬瓜、或是花心大豆苗。蘿蔔之所以被如此衍生意義，是因為這種根莖類作物，藏於地下的根部萬一沒有在開花前及時採收，根部的養分自然會被花朵吸收、使用，這時候原本含豐富水分及養分的蘿蔔，雖然根部會加速變得肥大，但由於地上部分光合作用的產物無法滿足根部需求，導致蘿蔔中心的細胞逐漸薄弱而變得空心，只剩下越來越乾燥的纖維。因為蘿蔔的這種特性，人們把那些外表俊帥，但用情不專、徒有空心的花花公子們稱為花心大蘿蔔。

也因為這樣，我們在挑選蘿蔔的時候，除了要注意其表面是否帶土、是否平滑、蘿蔔葉是否直且水分飽滿外，更重要的是，確定蘿蔔是否飽實？拿起來的重量是否符合其體積大小？

台灣的蘿蔔種類很多，有東方蘿蔔（Oriental radish）、冬天蘿蔔

（Winter radishes）、中國蘿蔔（Chinese radish）、日本蘿蔔（Japanese radish、True daikon）。由於其根形與大小差異甚大，因此台灣常以其外形特徵來稱呼。像是台灣常見外型較細、兩端尖，適合煮、醃漬或是做成蘿蔔乾的「杙仔」（「杙」音「一丶」，小木樁之意，台語發音為khit-á，指形狀像釘子的木樁），亦即木樁型蘿蔔。此外，盛產於十月以後，產地在南投埔里、彰化二林、芳苑、雲林台西、台南永康、仁德，上端細小且下端肥大，形狀類似酒瓶，適合煮湯的「矸仔」（台語發音為kan-á，瓶子的意思），也就是酒瓶形蘿蔔。

南投埔里合成里大坪頂地區，海拔約六百公尺，日夜溫差大，不但是台灣面積最大的蘿蔔專業產區，更是台灣夏季白蘿蔔的重要產地；其「白娘」品種為中板葉，根形整齊、鬚根少的胖短矸型。另外，還有高雄大寮、美濃所生產，產期僅在十月到十二月，外型細長、肉質纖細、適合醃漬的「白玉蘿蔔」。以及產於台北淡水和苗栗頭屋，耐寒，僅有冬天盛產（十一月～三月），外觀為長橢圓形的

「梅花」，尤其苗栗頭屋的梅花蘿蔔甜度更高，又稱為「大梅花」。

白玉蘿蔔之所以有「白玉」之名，出自於客家人祖堂神桌下土地龍神常見的對聯「土中長白玉，地上生黃金」。這種長約十五公分，直徑三～五公分，日據時代從日本來到台灣的朝陽種蘿蔔，雖然體型小、產量又低，但是生長期短，只要四十五～五十天便可採收。美濃曾是全台灣種植菸葉產量最高的鄉鎮，過去被譽為「菸葉王國」，種植菸葉的歷史長達一甲子，菸田面積廣布兩千公頃，形成「三步一菸樓、五步燒煙飄」的景況。但在二〇〇二年台灣加入ＷＴＯ後，菸葉產業逐漸沒落，美濃地區農民便將原本種菸葉的田改種二期稻作。稻作收割完的時間為深秋，田地正好可以用來種這種小蘿蔔。

前面提到的杙仔與矸仔屬於葉片全緣、無缺刻、直立、葉面少茸毛或無茸毛的「板葉種」蘿蔔，能在比較熱的天氣生長，不過空心的情況也會略多。白玉蘿蔔和梅花蘿蔔則是屬於葉片羽狀深裂，葉片茸毛多的「裂葉種」蘿蔔，是耐寒的品種，空心的狀況也較少。

蘿蔔是配角也是主角

在台灣，從最家常的蘿蔔排骨湯、五花肉燉蘿蔔，到菜脯蛋、蘿蔔鑲肉、蘿蔔絲餅，都少不了蘿蔔的身影；山東的蘿蔔丸子和蘿蔔絲燒大蝦，湖南的蘿蔔乾炒臘肉，四川的泡菜、蘿蔔連鍋湯和酸蘿蔔老鴨湯，廣東的蘿蔔燜牛腩和蘿蔔糕……然而，在這些似乎難以窮盡的料理名單中，蘿蔔竟總是處於一個處在主角和配角之間的曖昧界線。

就連日本的關東煮、鰤魚燉蘿蔔、花枝燉蘿蔔、雞翅燉蘿蔔、豚汁、風呂吹蘿蔔、雪見鍋與各種漬物，生魚片旁做為「劍」（けん[ken]，又稱白髮）的白蘿蔔絲，也常常被擱置一旁沒人搭理。然而，少了它就不算一份完整的刺身了。直接煮鰤魚、花枝或排骨好像也沒什麼毛病，但加了蘿蔔就是更加精彩。放眼全世界，越南人的餐桌上少不了把紅、白蘿蔔絲醃得酸酸甜甜的đồ chua；菲律賓的國菜Sinigang和印度的辣豆湯（Sambar）裡也少不了蘿蔔。

蘿蔔絲可以比美魚翅

少了蘿蔔，很多菜就是做不起來。

袁枚在《隨園食單》中提過幾種蘿蔔料理的作法。他在〈雜素菜單〉中寫「豬油煮蘿蔔」：「用熟豬油炒蘿蔔，加蝦米煨之，以極熟為度。臨起加蔥花，色如玉。」〈小菜單〉裡也描述「醬蘿蔔」：「蘿蔔取肥大者，醬一二日即吃，甜脆可愛。有侯尼能制為鮝，煎片如蝴蝶，長至丈許，連翩不斷，亦一奇也。承恩寺有賣者，用醋為之，以陳為妙。」

他在〈海鮮單〉的「魚翅二法」中，更寫道：「魚翅難爛，須煮兩日，才能摧剛為柔。用有二法：一用好火腿、好雞湯，加鮮筍、冰糖錢許煨爛，此一法也；一純用雞湯串細蘿蔔絲，拆碎鱗翅攙和其中，飄浮碗面，令食者不能辨其為蘿蔔絲、為魚翅，此又一法也。用火腿者，湯宜少；用蘿蔔絲者，湯宜多。總以融洽柔膩為佳。若海參

觸鼻，魚翅跳盤，便成笑話。吳道士家做魚翅，不用下鱗，單用上半原根，亦有風味。蘿蔔絲須出水二次，其臭才去。嘗在郭耕禮家吃魚翅炒菜，妙絕！惜未傳其方法。」蘿蔔絲竟然連魚翅都可混充，真可說得上是能屈能伸、千變萬化了。

蘇東坡的「三白飯菜」

歷史上跟蘿蔔相關最有趣的典故，還是和我們的文人美食家蘇東坡有關。話說為了不讓蘇軾兄弟養成驕氣，母親程夫人常讓他們「日享三白」：意即每天所吃的飯菜是一撮鹽、一碟生蘿蔔、一碗飯；都是白色的，故稱「三白」。

蘇軾在汴京作官時，曾經對好友劉貢父說：「我與小弟在家讀書時，母親曾讓我們每日享用三白飯菜，味道特別鮮美。我們當時吃了這種三白飯菜，不再相信人間還有比這種三白飯菜更美的什麼八珍九味啦！」

劉貢父聽他說得如此，以為這種三白飯菜一定世上稀有，所以更想知道這「三白」是什麼東西：「大蘇，快給我講講『三白』是什麼稀罕東西，說得我都口水直流啦！」

「你猜猜吧！」蘇軾故意拖延不說。

「這我怎麼能猜著呢？我又沒享用過。」劉貢父急道。蘇軾偏看準了這點，就是不肯告訴他，等到他捉弄夠了劉貢父，才告訴他答案。

過了幾天，劉貢父親手寫了一封請柬，派人送給蘇軾，請他去吃「皛飯」。蘇軾一時沒想到「皛飯」是什麼意思，只想是什麼稀奇名貴的飯菜，便對來人說他一定如期前往。

到了約期，見案桌上擺的只有一撮鹽、一碟生蘿蔔、一碗飯，才想起劉貢父請他吃的「皛飯」即是「三白飯」，這下明白了劉貢父是在開他玩笑。蘇軾也不點破，逕自把案桌上的「三白飯」如數吃光，食畢，起身告辭，並再三向劉貢父表示誠摯的謝意。臨分手時，他鄭重的對劉貢父說：「貢父兄，為報答你今天的盛情款待，明天我再宴請你一次，請到小弟家吃頓毳飯吧！」劉貢父見蘇軾十分誠懇，不再懷疑，當場即答應了。

隔天，劉貢父早早乘馬來到蘇軾家裡，蘇軾也到門口相迎，入席之後，二人便天南地北、詩詞歌賦的談起來。眼見午時已過了，還不見飯菜，劉貢父餓得飢腸轆轆：「大蘇，快擺飯吧！我已經餓了。」

「貢父兄，先別著急，我一早就吩咐家人了！」

過了一會兒，劉貢父又催起來了，蘇軾仍不擺飯；一連數次，劉貢父實在是餓得受不了，竟哀求道：「大蘇，我也不吃你那毳飯了，我求求你，快點拿些什麼東西叫我吃吃，我實在是已經受不了啦！」

蘇軾這才微微一笑，慢條斯理的說：「鹽也毛，蘿蔔也毛，飯也毛，這三樣東西都毛，就是『毳飯』呀！」原來四川俗呼「無」為「模」，又訛讀「模」為「毛」，所以「三毛」就是鹽、生蘿蔔、飯都沒有。這時，劉貢父捧著肚子大笑起來：「大蘇，我說你呀，想得可真絕！我真想不到你會出這樣的絕招捉弄我！」蘇軾也開心的笑了，命人即刻擺上飯菜。

尋找蘿蔔的至味

下面幾道以蘿蔔為食材的菜品，前兩道在台灣是比較能吃得到的。後三道的蘿蔔丸子和蘿蔔燉大蝦是魯菜，酸蘿蔔老鴨湯是川菜，蘿蔔乾炒臘肉是湘菜。它們都各自體現了不同地域對蘿蔔在菜品中的應用與搭配。

① 蘿蔔絲餅

蘿蔔絲餅是以蘿蔔絲為內餡的餡餅。我從小到大最愛吃的一家，位在溫州街、和平東路口，記憶中一直都是大排長龍。因為原址在早年政府撥款建設的新疆義胞宿舍，民國八十一年新疆省政府裁撤後，地主成了國有財產局，它便在二〇一三年搬到離師大路口較近的現址。這家的蘿蔔絲餅麵皮咬下去同時兼具鬆軟和彈牙，可能是使用半燙麵來做的，所以不像發麵的口感那麼膨鬆，也不像死麵那麼硬。而且，它不像是一般餡餅是用乾烙的，而是泡在油鍋裡，以半煎炸的方式使內部形成又蒸又烤，更能釋放出蘿蔔的甜味。

蘿蔔絲餅是江蘇省常州、蘇州、上海、無錫等地的小吃。做的時候，蘿蔔絲可以加鹽醃後擠出水分，或是用沸水燙過再泡冷水後擠出水分。兩種方法皆一方面去除蘿蔔的辛辣味，一方面又使其口感爽脆。然後，再加鹽、胡椒粉、蔥末和豬油拌勻，餡料就完成了。

麵團醒好後，則先搓成條，然後塗上油或在油裡泡一段時間，透過油的滋潤來提升麵團的韌勁。然後，將麵團擀成極薄的長方片，加入餡料，以三角折的方式慢慢包成圓球狀。烙的時候將之壓一下，用小火烙，加蓋，中途翻面，約十分鐘即成。

② 蘿蔔連鍋湯

涼涼的天氣，自己在家裡做一鍋連鍋湯，真的很享受！冬天的白蘿蔔甜，配上豬五花的油脂，再加上鋪天蓋地而來的花椒香麻，可說是四川版的「豚汁」，吃得飽又喝得暖。

連鍋湯是回鍋肉的衍生菜。四川人在煮白肉的時候會加菜下去煮，煮完之後，煮到八成熟的二刀肉，一半拿去做回鍋肉，一半和蘿蔔一起煮，就成了蘿蔔連鍋湯；蘿蔔皮則拿去做泡菜，泡成爽口的泡蘿蔔皮。

正所謂「冬吃蘿蔔夏吃薑，免得醫生開處方」。連鍋湯是川菜中最經濟實惠的一道民間土菜，又名連鍋子。湯不離鍋，以鍋代碗，連鍋而上，這就是連鍋湯了。

台灣一些年代比較久遠的川菜館子裡都吃得到這道菜。早在清末民國初，成都的「四六分」[2]炒菜館中，蘿蔔連鍋湯就是一道常見的菜品。

連鍋湯

◆ 先以五成油溫的豬油拌炒切略厚片的豬二刀肉或五花肉，變色後將肉片推到一旁。

◆ 煸拍碎的薑片和花椒，待煸出香味後再加入肉湯和蔥段。

◆ 煮開後加入切好的白蘿蔔片。燉煮白蘿蔔先用洗米水煮個十分鐘，再換鍋燉除去其澀味。不過，這是道鄉土菜，豪邁一點一次給它下鍋也沒毛病。

◆ 加了白胡椒粉之後，以中火燉煮，最後再加鹽調味即可。

2 當時成都的餐廳可分為四種型態。其中「包席館」是專做高檔宴席、不設堂座的餐館；「南堂館」則是十九世紀初江浙人或江浙廚師所開，經營江浙菜、海鮮菜為主，是店堂雅致、陳設講究的江南風餐館，其後再融入川菜風味；「四六分」則是以炒菜為主的飯館，因其炒菜、拌菜小份為四分錢，中份（一份半）計價六分，因此被稱為「四六分」炒菜館；「便飯鋪」是經營小菜便飯、豆花飯、豆湯飯、代客加工為特色的小飯館，如早年的陳麻婆豆腐店。

◆ 也別冷落了湯裡的白肉，給它打一個巴適的蘸水碟子。如果做「紅油味碟」，以醬油：辣油：香油＝5：4：1的比例，再加入少許雞粉調勻，最後撒上蔥花即可。也可以做個「豆瓣味碟」，小火用菜籽油炒辣豆瓣醬，炒好後加上花椒粉、醬油、味精和蔥花。

③ 蘿蔔丸子

可蒸可炸的蘿蔔丸子是道魯菜，主料可用白蘿蔔或青蘿蔔，添加紅蘿蔔讓成菜的外型更豔麗（但不一定要加）。白蘿蔔去皮刨成絲後，加鹽醃十分鐘或用焯水二十秒，擠乾白蘿蔔絲的水分後抖散。紅蘿蔔和香菇分別切成小丁，蔥切末。油鍋炒薑末和豬絞肉，炒至變色後，加入紅蘿蔔丁和香菇丁繼續炒，加鹽、蠔油、醬油調味，最後再加點胡椒粉，炒好之後放涼，與白蘿蔔絲、蔥花拌勻，補些鹽和蠔油後加蛋、玉米粉或麵粉，然後搓成丸子，上鍋蒸八～十分鐘。

④ 蘿蔔燉大蝦

這道也是山東菜，所以一般用青蘿蔔絲。油鍋先爆炒蔥花後，加入青蘿蔔絲炒軟取出，另鍋加入蔥段和薑爆香，然後入蝦煎，並輕輕壓出蝦腦，接下來加酒、高湯和青蘿蔔絲，用小火燉一下後加雞粉、胡椒粉和香菜末，淋些香油出鍋。

⑤ 蘿蔔乾炒臘肉

蘿蔔乾炒臘肉是一道火爆的湘菜，蘿蔔色澤黃亮、肉質厚實又脆嫩，加上臘肉的油和香、辣椒的刺激，集鹹、香、脆、嫩、鮮於一體，讓人吃得不禁連連叫好。

臘肉先冷水入鍋，加薑片煮十分鐘，去除一些鹽分、油脂和雜質後切片。蘿蔔乾則用溫水泡發後洗淨，瀝乾水分，然後按自己喜歡的口感切成段或粒。然後，起鍋前用少量油將臘肉煸一下，使臘肉的油香進入鍋中後撈出。接著爆香蒜片和乾辣椒，入切好的蘿蔔乾，加少許鹽炒勻，將蘿蔔乾的水氣煸乾，再加入臘肉、青紅辣椒、少許醬油。炒勻後，出鍋前撒一把蒜苗綠即成。

⑥ 酸蘿蔔老鴨湯

我在重慶吃過這道川菜中的經典燉品，之後一直念念不忘，到現在想到還會忍不住流口水。只要家裡有用不完的蘿蔔，就可以拿來做酸蘿蔔：切片後先用鹽醃二十分鐘，與薑一起放入瓶中；糖醋比是2：1，糖和醋加一些水煮到糖融化後，趁熱倒入瓶中，淹過蘿蔔；放涼蓋上蓋子後，在室溫下放一天，酸蘿蔔就做好了。

不過，這種酸蘿蔔作法只能算是速成的，一般的酸蘿蔔老鴨湯還是得用泡蘿蔔。將切塊的鴨肉冷水下鍋煮開後撈去浮末，加入老薑、切塊的泡蘿蔔、少許花椒，然後加蓋轉小火燉九十分鐘左右就完成了。

8

餃子的離散史

對我而言，家鄉味是一年只有三個月能吃得到的鮁魚餃子。鮁魚之所以在山東沿海成為最受歡迎的魚餃子餡料，除了肉質鮮美外，也因為牠刺少而肉多。

蔣亞妮在她的散文裡寫道：「那年爺爺已九十多歲，他的生命就像一場無止盡的南遷，從七十多年前開始，他只能離家越來越遠。」

我的爺爺和奶奶也經歷了這段南遷的歷程。他們都是山東青島人。民國三十四年，台灣一光復，爺爺因為他在青島的美商菸草公司的經歷，被國民政府派來接收台北的松山菸廠，擔任副廠長。當時的廠長是台灣（飲食書寫的先驅）的唐魯孫先生。

我成長於原本日本人住的杭州南路百坪宅第裡，吃著他和奶奶從青島帶到台灣的餃子、炒嘎啦、燻鮁魚、炸醬麵、打滷麵和罈子肉，一直到他們再也無法由病榻上起身。

家鄉味，在我的血液裡是大蒜、饅頭、餃子、瑯琊台。

在台北，有兩個女人，也分別帶著她們手中的餃子南遷，一路來到了台灣。她們的南遷，卻造就了台北市少見的好餃子。她們一個來自山東煙台，一個來自黑龍江的哈爾濱。

魷魚餃子：好餃子吃起來要順而不膩

「一戶手作水餃」的李常青女士來自山東煙台，她的大伯父和父親都就讀煙台聯中，是經歷過澎湖七一三事件的山東流亡學生。被情報局派回中國大陸後，她們一家人在二十四年前才輾轉又來到台灣。在煙台，李常青家裡做的是海參生意，在孤懸於煙台市牟平區北部的養馬島海域養殖海參，她自己則是從事廣告業。他的姐夫任職於煙台的天津狗不理包子，這家狗不理包子的製餡祕方，正是她們家餃子餡料的原型。

一般來說，**台灣賣的餃子和中國大陸餃子在內餡上最大的差別，就是有沒有加醬油**。因為台灣人不喜歡看到顏色太深的餃子餡，所以「一戶」的餃子餡不會像中國大陸的一樣拌入太多醬油。對李常青而言，好吃的餃子吃起來要順而不膩，吃到盤子都光了還想再吃，因此她的豬肉餃子皮餡比為1：2，肉餡則肥瘦比是3：7，而不是一般連鎖水餃店使用成本較低的5：5。

此外，她的餃子餡不可少的，是用泡了至少四個小時的蔥薑花椒水來做水打餡，而不是用料酒去腥。還有每天一大鍋用雞骨、豬骨與蔬菜熬出來的高湯。至於餃子皮，為了做出手擀皮充滿彈性的口感，使用高筋混合中筋麵粉。李常青請合作的廠商按照要求的配比，使用蛋白質含量10.8～11.7％、溼筋值（經分離出來的含水麵筋）30.5～32.5％的紫蘿蔔粉心粉。

這是放冷了也好吃的餃子。

不過，一戶水餃對我而言的家鄉味，還是一年只有三個月能吃得到的鮁[3]魚餃子。

鮁魚餃子是以山東稱為鮁魚、台灣稱為䰶魠魚的康氏馬加鰆（Narrow-barred spanish mackerel / 横縞鰆 / よこしまさわら）為內餡的美味餃子。不過，其實在山東所使用的魚，在台灣則名為日本馬加鰆（藍點馬鮫 / Japanese spanish mackerel / 鰆 / さわら）。然而，台灣人

若是聽到鮁魚，多半不會聯想到是魠魠魚，會想到學名為四指馬鮁的午仔魚。由於四指馬鮁的「鮁」是由魚＋友構成（「犮」為「友」的異體字），所以在香港又被稱為「馬友魚」。

在山東，鮁魚又細分為鮐鮁和燕鮁。前者體型較小，體長二十五公分左右；後者的體長則在四十～五十公分以上。相對而言，燕鮁大脊間刺少，肉質也要好一些，但產量則比鮐鮁要來得少。刺少的燕鮁更適合做為餃子餡，鮐鮁則比較適合以紅燒等方式烹製。

鮁魚之所以在山東沿海成為最受歡迎的魚餃子餡料，除了肉質鮮美外，也因為牠刺少而肉多。此外，正如「春韭香，夏韭臭」，最為鮮美的也是春鮁，夏天的鮁魚肉質就差了，要到秋冬的時候，鮁魚才會再度恢復鮮美。

3《說文解字・魚部》中：「鮁：鱣鮪鮁鮁。」鮁有三個讀音，如果念「撥」的話，指的是魚擺尾跳動的樣子；唸二聲的「ㄅㄚˊ」或是四聲的「ㄅㄚˋ」，則都指的是魚名。

鮁魚餃子一顆的價格雖然是一般肉餡餃子的六、七倍以上，但是從挑選食材到做餡之費工，也讓其他餃子望塵莫及。從一月底開始，李常青會親自到南方澳買現流鮁魚，買回來之後，將魚去頭、去骨、去皮，再用湯匙將魚肉一匙一匙的刮下來，然後再用刀背相間翻轉的方式來剁。不過，也不是將魚肉完全宰細，而是一部分剁成粗魚粒，一部分剁為細魚泥，以3：7的比例做為百分之百的新鮮魚肉內餡，不加任何的修飾澱粉和豬肉，這是正宗膠東鮁魚餃子的證明。傳統蔥薑花椒水的水打餡，則一樣要順著同一個方向攪拌上勁，還要加入冰塊降溫，這樣吃起來才會不腥不柴，又口感滑嫩鮮美。

怎樣才算是合格的鮁魚餡呢？那可得放在水裡會浮起來。煮出來的鮁魚餃子之所以內餡滑嫩美味，是因為在水打餡的過程之中，水與空氣充分打入魚餡之中，放在水裡，自然就會浮起來了。

什麼餃子餡都難不倒東北軒的趙苹

東北軒的師傅趙苹來自東北的哈爾濱。從小就喜歡煮飯的她，十一歲時放學回家，看家裡沒人，就會自己跑到田裡割韭菜，然後炒顆雞蛋來和麵，或給家人們包餃子。十八歲那年，她開始學習東北菜，在哈爾濱香坊區的一間餃子館做了一年多之後，自己另起爐灶，開了間小店。

之所以後來會在台北開餐廳，是因為她的三姐嫁了過來。一次探親，和姐夫的同學相識，經過漫長的異地戀之後也嫁來了台灣。不過剛到台灣時，趙苹並沒有在工作，因此兩個月後就吵著想要回哈爾濱。於是她姐姐、姐夫和老公乾脆給她開一間餐廳，免得她一天到晚想回家。在適應了台灣的炎熱天氣，調製出溫度要保持在攝氏七～十度才能醃漬出來的正宗東北酸菜，又跑遍南北市場一間間的試吃和研究，尋找最對味的調味料之後，她終於在台北推出她的家鄉味。

由於趙苹本身就愛吃餃子，因此對餃子的要求很高。不但每一次的內餡一定親自調配，肉也一定要選肥瘦比3：7的鮮肉回來自己剁。譬如招牌的酸菜豬肉水餃，用的就新鮮常溫五花豬肉和自己研製的酸白菜，豬肉打水攪至黏稠，配上薑末、蔥末、油、鹽、雞粉、醬油、還有十三香。每一顆餃子皮的重量為十～十二克，餡的重量為十七～二十克。餃子皮選用中筋麵粉，加水配合比例和成麵團。夏天醒三十分鐘，冬天醒四十五分鐘，揉一次之後繼續醒十分鐘。

至於包餃子的方式，她是這麼說的：「包的時候先對折捏著上方，右手虎口掐住一邊，然後左手掐住一邊拇指和食指對捏，兩隻手和攏一捏就一個小元寶啦！」

現在的趙苹可說是餃子魂大爆發，不管什麼餡料的餃子都難不倒她。雖然她本身不吃羊肉，但她做的不管是羊肉芹菜或羊肉酸菜餡的餃子都好吃得不得了。看來，之後店裡餃子的品項也會越來越多。

好餃子並非皮薄餡厚

「皮薄餡厚」其實並不適用於餃子，而是皮要有手擀麵的嚼勁，然後一口餃子入口，皮彈湯鮮；吃到最後一口，皮和餡幾乎同時吃完，而且不需蘸一堆醬，餡已夠鮮，少許醋配人蒜即可。那種皮爛餡無味的餃子最是可怕，一入口彷彿吞了鼻涕黏痰。

好的餃子皮才能夠兜住餡兒的香。皮要光滑並且筋道，更不能煮一煮餡兒還沒熟但皮就破了。麵粉裡加鹽，可使餃子皮更光滑、透亮，而且不容易破；加蛋白，可以增加餃子皮的光滑和筋道，這是因為蛋白中的蛋白質在下鍋時會因為受熱而收縮，使得餃子皮變得不容易沾黏，也就不容易破了。其比例為一斤麵粉、一個蛋白和三克鹽。「軟麵餃子硬麵條」，做餃子皮的麵團要稍微比做麵條的麵團軟一些，若是麵團太硬，除了影響口感之外也不好包。而且，餃子皮一定要擀得中間厚、外面薄，這樣餃子的摺子才不會太硬。

以蘸料而言，南方人吃餃子喜歡蘸醬油，北方人則是蘸醋，再咬一大口蒜，喝上一碗餃子湯，正所謂「原湯化原石」、「喝碗餃子湯，勝似開藥方」。以餃子餡來搭配適合的蘸料的話，則是魚肉餃子蘸醋為佳，不著其他；蝦仁餃子蘸少許香油最妙；吃豬肉餡餃子則應配以三合油（醋、醬油加香油）再佐蒜泥；吃素餡餃子則不宜蘸蒜泥。

冬至吃餃子的習俗

從唐朝開始，人們就在冬至這天吃餃子。直到明朝，冬至慶祝後，百姓手頭拮据，沒錢過年，省錢的明朝人便把部分冬至習俗移到了春節。在中國歷史的洪流裡，好吃的餃子，承載著人們對於喜慶團圓美好生活的期盼。

冬至為什麼要吃餃子呢？這和東漢名醫張仲景有關。張仲景，名機，仲景是他的字。他是南陽郡人，也是中國臨床醫學的奠基人，著有《傷寒雜病論》。根據這本書的序，他所生活的東漢獻帝建安時期（一九六～二二〇年），因傷寒造成了大量民眾死亡。張仲景家族是南陽地區的名門望族，原來有兩百多口人，自建安元年（一九六年）以來，不到十年的時間，即有三分之二的人生病死去，其中十分之七死於傷寒。由於一般的醫生墨守成規，面對猖獗流行的傷寒病，不肯作新的研究和探討，使許多患者枉送了性命。為了解決傷寒病的防治問題，張仲景便跟隨同郡的張伯祖學醫，發憤鑽研醫學，並呼籲整個社會重視醫學，改變迷信巫神的不良風氣。

張仲景官至長沙太守。傳說張仲景任長沙太守時，做官行醫兩不誤。某年，長沙郡傳染病大流行，向他求醫者眾。一開始，他在處理公務之後，便在後堂居室給人家看診，但後來病人越來越多，由於應接不暇，他乾脆在衙門的大堂看診，首創名醫坐大堂之先例。後世醫者為了紀念和效法張仲景，也在藥店門前掛牌行醫，坐堂應診。此後，在藥店治病的醫生就被稱為「坐堂醫生」了。民間中藥店也因此多以「堂」相稱，諸如揚州的「天瑞堂」、北京的「同仁堂」、上海的「涵春堂」、杭州的「胡慶餘堂」等。

張仲景發明餃子的傳說，則發生在他要從長沙太守離任的時候。那時正好是冬天，天寒地凍。張仲景看到很多貧苦且無家可歸的人面黃肌瘦，衣不遮體，因為天氣嚴寒，把耳朵都凍爛了。看到這種情況，他回到家後，翻書研究出一個可以禦寒的食療方子，叫「祛寒嬌耳湯」。第二天正好是冬至，他命人在南陽東關的一塊空地上搭了棚子，架起一只大鍋，為窮人施捨這個祛寒嬌耳湯。

祛寒嬌耳湯的作法，是把性溫的羊肉和一些祛寒的藥物放在鍋煮熟，然後撈出來切碎後，再用麵皮包起來，包成像是耳朵的樣子，再下鍋用原湯將包好餡料的麵皮煮熟。由於這道菜樣子像耳朵，功效又是防止耳朵凍爛，所以張仲景給它取名叫「嬌耳」。每個人施一碗熱湯，裡頭放兩、三個嬌耳，吃了之後就全身發暖、兩耳生熱。幾天之後，饑民們不但肚子好受了，凍耳朵也被治好了。

張仲景捨藥，一直持續到大年三十。大年初一慶祝新年時，每個人凍傷的耳朵都被治好了。後來，每逢冬至這天，不論貧富，人們便仿照「嬌耳」的樣子做成過年的食物，並在冬至中午、三十晚上和初一早上吃。人們稱這種食物為「餃耳」、「餃子」或「扁食」，以紀念張仲景開棚捨藥和治癒病人的善行。至今仍有「冬至不端餃子碗，凍掉耳朵沒人管」的俗諺。

不過，考古工作者曾在中國大陸多個地區發現了實物餃子，這些出土的古老餃子告訴我們，餃子誕生的年代甚至比張仲景的年代還要早，也證實史書所記載「天下通食」的說法。考古所發現的餃子，距今已有兩千五百多年的歷史。一九七八年，在山東滕縣薛國故城的春秋時期墓群裡，挖出一個青銅簠（音「ㄍㄨˇ」），古代祭祀時盛黍稷的圓形器皿），裡面發現了五排左右的三角形食物。

事實上，這些出土的考古實物，便是東周時期所說的「餅餌」。

西漢揚雄所寫中國第一部紀錄方言的著作《方言》中寫「餅謂之飩」，即餛飩是餅的一種，差別為其中夾內餡，若以湯水煮熟，則稱湯餅。不過，在這些考古證據出土之前，沒人想到湯餅指的是餃子。如此觀之，文獻與考古發現就可以互證了。

大年三十吃餃子——沒有外人

在餃子裡包硬幣的傳統，則是始於明朝，流行於清朝。清朝時，支撐國家財務基礎的是數量龐大的乾隆通寶，當時人們在餃子裡第一次包入了銅錢，希望日子過得更好。

傳統過年，餃子在除夕晚上的子時以前、也就是二十三點以前要包好。到了凌晨零點的時候，正是農曆新年正月初一的開始，這時候就要吃餃子了，叫做「更歲餃子」。更歲餃子有更歲交子的意思，也就是說在子時這個點，是新舊年相交的時候。這正可說是一種新舊年的交接儀式，不但除舊，並且迎新。

俗話說：「大年三十吃餃子——沒有外人。」說明了年夜飯中餃子是親人們歡聚一堂的象徵。年三十所包的餃子，形狀一般為傳統的月牙形。在包的時候，要把麵皮對折後，用右手的拇指和食指，沿著半圓形邊緣細細捏勻，稱之為「捏福」。如果把捏成「月牙形」的餃子，兩角對拉捏在一起，則呈「元寶形」，象徵財富遍地，金銀滿屋。

在山東東部，過年煮的餃子常常會故意煮破幾顆，但不說「破」了，而要說「掙了」或「漲了」。這是因為餃子餡有菜，菜諧音財，故餃子掙了有「掙財」、漲了有「漲財」之意，圖個吉祥，並討個口彩，增加除夕夜的歡樂氣氛。在甘肅中部，除夕夜煮餃子的時候，則是會加少許麵條同煮、同食。其麵條要細，餃子則要包成元寶形，美其名曰「銀絲纏元寶」。

另外，吃餃子的時候，都必須吃偶數，不能吃奇數。飯後盛餃子的盤、碗，乃至煮餃子的鍋裡，擺放生餃子的蓋簾上，都必須故意留下幾個偶數的餃子，謂之年年有餘。

大年初一的餃子也是當天早餐唯一的主食。有俗諺道：「初一餃子初二麵，初三盒子（餡餅）往家轉。」雖然北方人基本上從除夕開始就天天吃餃子，但在初一過後，必吃的則是「破五」的餃子。破五就是農曆大年初五民間迎財神的日子，破五也是「送年」的意思，也就是在這天之後，生活會慢慢恢復到除夕之前的狀態。

根據清末震鈞記載清代北京風土掌故的雜記《天咫偶聞》所述：「**正月初五，俗名破五，舊例食水餃五日，北方叫名曰煮餑餑。今則或食有三日、二日或間日一食，然無不食者，自巨室至閭閻皆遍，待客亦如之。**」民間則說破五吃餃子是為了「補窟窿」，有預防疾病的寓意。也有地方認為是填滿去年的窮坑，今年不再受窮的意思。因為初五之後，有的農家就要開始準備春耕，也意味著過完年了。

至於我從小最耳熟能詳的餃子習俗，則是「上馬餃子下馬麵」，意思是要出遠門前，必須先吃上一頓餃子，而從遠方回到家則要吃麵。

餃子皮厚，餛飩皮薄

從張仲景發明餃子到現在，已有一千八百多年的歷史了。其中，餃子與餛飩卻是一直糾纏不清。以字形與字意來說，「餃」的左邊為「食」，右邊為「交」，在《說文解字》中：「交，交脛也。從大，象交形。」其本義為反叉兩腿而立的動詞，引申義則為彼此連接；「餃」字指用麵片包裹餡後，將麵片邊緣交疊黏合在一起的食物。然而，三國時期魏國張揖所著之《廣雅》中，記載了當時形如月牙的餛飩——也就是雖然叫「餛飩」，外型卻是餃子。

到了唐朝，又出現一種叫做「牢丸」的食品，很可能是從前一代的餛飩分離出來的，是既與餛飩相似、又有別於餛飩的包餡食品。唐代的博物學家段成式寫下《酉陽雜俎》，其中的〈酒食篇〉，記載了當時的名饌佳餚、名產名飲計一二七種，其中就有「**籠上牢丸，湯中牢丸**」。而且他還特別強調「**湯中牢丸，謂之粉角**」。其中的湯中牢丸就是水餃，而籠上牢丸則很可能是蒸餃。

之所以會被稱為牢丸，是由於古時祭禮的牛、羊、豕三牲為牢，牢丸的餡料即是牛、羊、豕三牲中有其一。漢代劉熙的《釋名・飲食》中對丸的解釋，是把拌以各種佐料的肉餡，團成丸子，串起來烤著吃。後來，人們才將肉丸子包在麵皮之中，這種內實肉餡、外裹麵皮、形為圓團、使之牢不可破的形式，就稱為牢丸。

餃子和餛飩，到了宋代才在文獻中被區分開來。現代人則把餃子與餛飩分得很清楚，像是：餃子皮的圓形的，餛飩皮是方形；餃子皮比較厚，餛飩皮比較薄；餃子可蒸、可煮、可煎，餛飩則只能煮來吃；餃子盛行於北方，餛飩盛行於南方。北方的方言比較統一，餃子的叫法也比較統一；南方的方言則比較複雜，餛飩的名稱也是五花八門——上海江浙一帶，大部分地區都稱之為餛飩，湖北則叫包麵，江西叫清湯，廣東叫雲吞，福建稱之為扁食，四川叫抄手，新疆叫曲曲。

台灣特有的水晶餃

創立於清光緒十二年（一八八六年）的「祿記（包子祿）」，是台南賣包子和水晶餃的百年老店（不過，現在水仙宮市場的吉慶行則被認為更有古早味）。從第一代老闆石德祿自泉州渡海來台，傳到目前的第四代，這種水晶餃，根據黃婉玲女士的說法，在三、四十年前其實被直接稱為水餃，又由於其外觀灰黃如土，因此在鄉間又被稱為「土埆餃」。

其外觀之所以灰黃如土，是因為外皮的原料為地瓜。餃子來到了鮮少使用麵粉的台灣，自然會改用在地盛產的原料。水晶餃便是改用台灣盛產的地瓜粉，從而造就Q彈有勁的餃皮，內餡則是豬肉、筍丁與蝦米。然而，這種餃子的烹飪方式其實並非水煮，而是蒸製，稱之為水餃實在名不符實，因此久而久之，其水餃之舊名也逐漸被淘汰了。畢竟，要是我們現在去餃子店點餃子，也不會和老闆說：「老闆，我要二十顆韭菜牢丸加一碗酸辣湯。」

獅子頭——最受歡迎的淮揚菜

淮揚菜的獅子頭與魯菜的四喜丸子，現在作法上幾乎是混淆不清了。不過，獅子頭重湯底；四喜丸子則是乾的，再淋上勾了芡的燉汁。

台灣人習慣稱「江浙菜」的餐廳，是在數量上與普及度唯一凌駕於川菜館子之上的。**然而，江蘇菜和浙江菜其實是八大菜系裡兩個完全獨立的菜系**，前者常稱為淮揚菜，後者則是浙菜。

這兩大菜系由於口味相近，在地理位置上也是山水相連，以致許多人難以區分哪些是淮揚菜的菜品，哪些又是浙菜的？譬如台灣的「江浙」餐廳出鏡率最高的幾道菜——清燉蟹黃獅子頭、水晶肴肉、東坡肉、西湖醋魚、雪菜大湯黃魚，哪些屬於淮揚菜？哪些又是屬於浙菜呢？答案是，前兩項為淮揚菜，後三項為浙菜。

在台北，不管是米其林一星的「天香樓」、必比登推薦的「榮榮園」，或是「銀翼餐廳」、川揚「郁坊小館」、「秀蘭小館」、「上海鄉村」、「極品軒」、「紅豆食府」、「蔡萬興老店」、「蘇杭餐廳」、「薺元小館」等，這些許多人從小吃到大的味道，都可以在吃完浙菜的東坡肉後，來一碗上海鹹肉與俗稱上海青的青江菜再結合米飯的鹹肉菜飯；吃了用油麵筋做的上海經典冷菜「四喜烤麩」後，再來盤浙江的龍井蝦仁；或是用過「百葉結燒肉」後，來上一鍋杭幫飯店之首「王潤興飯館」的鎮店名菜「砂鍋魚頭豆腐」——乾隆皇還曾封這間店的老闆王小二為「皇飯兒」。

淮揚菜、浙菜本是獨立菜系

許多人認為，台灣的江浙餐廳在八大菜系之中不但一支獨秀，而且歷久不衰，與當年來台的政府高官多為江浙籍有關——這的確是重要因素。不過，要如此歷久不衰，多半還是因為這兩大菜系融合了南北地區的飲食風格，既有南方菜式的鮮甜淡雅，又有北方佳肴的汁濃鹹香。調味在八大菜系中也較為柔和，是能夠兼顧各種不同口味的菜系。就連中共建政後的「開國第一宴」，周恩來也考慮到各地賓客的口味差異，而由北京有名的淮揚飯莊「玉華台」調來了淮揚菜名廚來掌勺。不過，祖籍為浙江紹興，出生於江蘇淮安的周恩來，會做這樣的選擇應該也是理所當然。

淮揚菜及浙菜之間的難分難解，倒也不是現代人的錯。蘇州民歌〈姑蘇好風光〉的前兩句：「**上有呀天堂／下呀有蘇杭。**」就把蘇州和浙江杭州給栓在一起了。歷任杭、蘇二州刺史的白居易更是首將蘇杭並稱。到了與楊萬里、尤袤、陸游並稱「南宋四大詩人」的范成大，在《吳郡志》寫下「**諺曰：天上天堂，地下蘇杭**」的句子後，這個說法就正式成立了。現在，每天約有五十多萬的遊客從世界各地來到杭州，而在杭州旅遊業的收入裡，有二分之一是來自於餐飲業。

其實，淮揚菜只能算是江蘇菜系之中的一支，由於淮揚菜為代表菜系，所以八大菜系中的蘇菜常常在很多地方直接被淮揚菜取代，其實蘇菜還包含金陵菜、蘇錫菜與徐海菜。淮揚菜只是淮安、揚州、鎮江三地風味菜的總稱：「淮」即淮菜，以淮安為代表；「揚」即揚菜，以揚州、鎮江一帶為代表。又由於淮揚菜多以鮮活產品為原料，因此在調味上追求清淡，來突出原料的本味。淮揚菜既有南方菜的鮮、嫩、脆的特色，又融合北方菜鹹、色、濃的特點，從而形成了鹹甜適中、鹹中帶甜的特色。

浙江的杭幫菜則是形成於宋人南渡之後所帶來的北方飲食習慣。在短短的幾十年間，包括菁英士族和商戶酒樓在內的宋人，遷往臨時都城杭州的人數大約有百萬人之多。《中國人口史》的紀錄也表明，在北宋最高峰時期，杭州人口就二十餘萬人；到了南宋的淳佑年間，杭州已經達到一三〇多萬人。定都臨安後，南渡的北宋臣民們無時不刻不在懷想著北方的王朝和家鄉食物的味道。孟元老寫的《東京夢華錄》是一本描述北宋末年東京汴梁社會生活舊事的著作，在這本書中，更可以明確感受到這些南渡宋人對於汴梁美味的懷念。當時的宋高宗甚至會派宮內的人到民間街頭攤子買吃的，稱之為「買市」。為了配合宋高宗的「買市」，當時杭州的攤商都會把店鋪和各色小吃裝飾得和在汴京時一樣，連衣服和口音也是，營造出一個「直把杭州作汴州」的虛擬幻象。

獅子頭是純肉丸、重湯底

江浙館的「獅子頭」是一般人常點的一道菜，一些家庭主婦也喜歡在家裡自己做。傳說中，「獅子頭」的名稱來自隋煬帝的「葵花斬肉」；唐朝郇國公韋陟在揚州吃這道菜的時候，因為賓客覺得這個大肉丸子有如雄獅之頭，勸酒說：「**郇國公半生戎馬，戰功彪炳，應佩獅子帥印。**」韋陟一高興就說了：「**為紀念今日盛會，『葵花斬肉』不如改名『獅子頭』。**」也就是說，能夠真正稱之為獅子頭的大肉丸，是肥肉丁和瘦肉丁在久燉之後，因為收縮程度不同，形成猶如中國古典園林中石獅子頭的疙瘩般的凹凸狀。我們現在吃到的許多獅子頭都名不符實，抑或是四喜丸子的綜合體。

清乾隆年的正宗揚州菜烹飪書《調鼎集》中載：「**取肋條肉，去皮，切細長條，粗劗，加豆粉、少許作料，用手鬆捺，不可搓。或油炸，或蒸，襯用嫩青。**」「粗劗」就是粗砍，「用手鬆捺，不可搓」

是說做成肉丸子時不能搓來搓去，而是輕輕的團成形——這與現在獅子頭的製作方式基本上已經是十分相近了。「切細長條，粗劖」與「肉以細切粗劖為丸」，都與現在做獅子頭的刀工要求完全一致：先切片，再粗切成絲，再細切成丁，其大小有如石榴籽一般，絕對不可以用絞肉機去絞，也不可以用排刀去剁。老飯骨的大爺鄭秀生與上海飲食作家邵宛澍都強調過，要點是「細切粗斬」；大爺鄭秀生說得更傳神，要「虛斬」，好似在斬，卻不是硬剁下去，而是用刀粗放的斬出肉的黏性。薛泉生是江蘇省級非物質文化遺產揚州三把刀（淮揚菜）的傳承人，他做獅子頭的切法，則是切成黃豆大小的丁，完全不斬不剁。

清光緒年間舉人徐珂，曾任袁世凱在天津小站練兵時的幕僚，在他所著之《清稗類鈔》中就明確說：「**獅子頭者，以形似而得名，豬肉圓也。豬肉肥瘦各半，細切粗斬，乃和以蛋白，使易凝固，或加蝦仁、蟹粉。以黃沙罐一，底置黃芽菜或竹筍，略和以水及鹽，以肉作**

極大之圓，置其上，上覆菜葉，以罐蓋蓋之，乃入鐵鍋，撒鹽少許，以防鍋裂。然後，以文火干燒之。每燒數把柴一停，約越五分時更燒之，候熟取出。」

梁實秋先生在其《雅舍談吃》論及獅子頭時，有提到他的揚州好友王化成是這麼教他的：「**細嫩豬肉一大塊，七分瘦三分肥，不可有些須筋絡糾結於其間。切割之際最要注意，不可切得七歪八斜，亦不可剁成碎泥，其祕訣是『多切少斬』。挨著刀切成碎丁，越碎越好，然後略為斬剁。**」

這樣切出來、而非剁出來的獅子頭，方能保證獅子頭「鬆、軟、綿、彈、抖」一味與型的完美結合。小碗中盛著獅子頭，會宛若獅子甩水一般的顫動，這是由於在長時間的文火燉煮之下，肥肉的一部分已化為脂肪，包裹住瘦肉的部分。燉的時間，則是要燉到和燉五花肉時肥肉部位喜歡的口感一樣，通常要兩個半小時以上。如此燉出來的獅子頭，吃的時候非得使勺而不用筷，要是筷子可以直接夾起來，那就是摔的時候過度了，套一句老飯骨的話：**「那是石頭。」**

四喜丸子會加料並淋上勾芡的燉汁

淮揚菜的獅子頭與魯菜的四喜丸子，現在作法上幾乎是混淆不清了。四喜丸子除了肉餡外，還會加醬、香菇丁、鮮筍丁、紅蘿蔔丁、米飯或饅頭渣等；獅子頭通常為純肉餡，並隨著不同季節搭配荸薺、蟹黃、冬筍、春筍等單一配料。而且，獅子頭重湯底；四喜丸子則是乾的，再淋上勾了芡的燉汁。最重要的是，四喜丸子必須是一盤四個，寓為「福祿壽喜」，個頭也較獅子頭小，因而被稱為「丸」；獅子頭則通常是一盅一個，不過在宴席中則要有六個，寓意為六六大順，每個重量也得是三兩三錢。

根據曾拜魯菜大師王甫亭和宮廷菜大師唐克明學藝的《中國烹飪》雜誌編輯吳正格的說法，原本被稱為「大劗肉圓」的「葵花肉丸」這道菜，在清同治和光緒年間被改稱為獅子頭。辛亥革命後，由於中華民國北洋政府許多大員來自江浙地區，因此北平的江浙風味飯店開始多了起來。民國初年，在北平西長安街上曾先後出現了慶林春、方壺春、玉壺春、東亞春、大陸春、新陸春、鹿鳴春、四如春、宣南春、萬家春、淮揚春、同春園等十二家淮揚菜館，人們把它們稱為「十二春」。獅子頭這道菜，正是由這些淮揚菜館傳到北方，北方菜館後來將其改良，稱之為四喜丸子。

源自徽菜「問政山筍」的醃篤鮮

醃篤鮮，這道被視為理所當然的淮揚名饌，讓人意想不到的是源自於一道叫「問政山筍」的徽菜。畢竟徽菜雖然名列八大菜系之一，卻存在感極低。這道菜又稱為「臘香問政筍」，源自安徽歙縣的問政山，這裡所產的問政筍，在《安徽通志》中載道：「**筍出徽州六邑，**

以問政山者味最佳，籜紅肉白，墮地能碎。」過去，徽州人出門經商，會從新安江坐船到浙江。每當春季外出經商時，家人就會挖出了新鮮的問政筍，在船上剝筍切片和臘肉一起入砂鍋後，用炭火慢煨，待抵達杭州時，再揭開砂鍋，已是鮮味撲鼻。

問政山筍之所以在上海與杭州一帶發揚光大，是由於自清朝末年，開始到江浙經商的大量徽商帶來了徽州的飲食文化。上海在開埠之前，最大的菜系便是徽菜。後來上海人稱這道菜為醃篤鮮，到了杭州則被稱為鹹篤鮮，在江蘇淮陽一帶稱為醃燉鮮，在浙江金華則被稱為鹹肉滾筍——不管名稱為何，都沒有「醃篤鮮」這個稱呼要來得傳神與意趣，一方面能夠表現出鹹肉（醃肉）與鮮肉以「篤」（指小火慢燉）的方式進行烹調，一方面又呈現出食材與食材交融後篤出的鮮。

《舌尖上的中國》以「**時間最短的、最新鮮的食材，和時間最久、最陳舊的味道在一起**」，來形容這道菜所碰撞出的味道。在味道的一陳一新之中，**「陳」指的是長時間發酵的鹹豬肉或鹹蹄膀，不是火腿；「新」指的則是鮮肉與鮮筍**。鹹肉要選擇立春前醃製的，這樣才會肉臘香味濃；鮮肉則是新鮮豬肉，也就是五花肉或蹄膀，還可以放排骨、雞骨，甚至整隻雞來提鮮，一般鹹肉與鮮肉的比例為7：3，不過杭州美食家眉毛老師則認為比例一定得1：1，這樣燉出來的湯汁更為鮮香。筍，則一定要是春筍，而且最好出土不超過八小時，外衣上還沾著些許溼潤的黃泥，不能太大，二十～二十五公分之間為佳。在如此的天作之合下，暗藏、濃縮於鹹肉中的鮮味，在燉煮過程中被鮮肉與鮮筍借去。鮮肉與鮮筍的青澀，因為鹹肉的豐盈而變得飽滿；鹹肉的世故，則被鮮肉與鮮筍的活力，磨去了讓人難以親近的外衣。這個互相交融的過程，隨著煨煮的時間越久，也更加的濃郁。

滬版的醃篤鮮則是充分體現了上海人精打細算的性格。第一頓吃完後，第二頓再加入百頁結、青菜等配菜，吸收油水，又豐富口感。

不過，在醃篤鮮裡放百頁結，就如同在佛跳牆裡加芋頭一樣，是被醃篤鮮的正統派最為鄙視的，視之為捨不得花錢多買一些筍、小家子氣的邪魔歪道。

一般現在看到醃篤鮮最常犯的錯誤，是將鮮肉與鹹肉同煮。事實上，鮮肉與鹹肉不但得分別焯水，鮮肉也必須在鹹肉之前先篤上個一小時，再加入鹹肉一起「篤」。這是因為鮮肉遇鹽則不易酥爛，因此必須一前一後的下鍋。如此一來，鹹肉的鹽味才能被鮮肉與筍吃透，使得鮮、香、鹹味互相浸淫，融為一體，成就一鍋實至名歸的醃篤鮮。

10

眷村菜——南甜北鹹東辣西酸

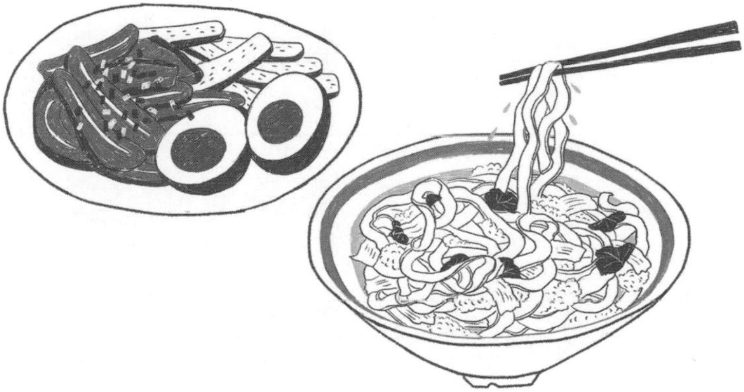

在眷村裡，衍生與孕育出像是炒草帽麵這樣「省籍不明」的菜品不知凡幾。配上滷菜，更是名副其實的老兵餐。

這些年，我一直在想，在這樣一個飲食階級化與排他化越來越嚴重的後資本主義社會，不管是網路與現實世界，都在不斷競比哪些餐廳最難訂位？美食評鑑第幾名？食材有多高級？價格有多昂貴？……也就是說，市場憑藉著資本與資訊掌握量所控制，這個社會是不是還能找到一些感動人心的料理呢？

前陣子，一位許久不見、長年住在加拿大的老朋友突然聯絡我。不過，她聯絡我，並不是為了敘舊，而是為了一碗炒草帽麵。

舌尖上的炒草帽麵

她對我說，曾經有一個她深愛的男孩，很愛吃那家店的炒草帽麵。

「你知道嗎？在那間小小的店裡，炒鍋裡升騰的鑊氣，麵條上繚繞的香氣，還有我和他一起大口嚥下時的滿足感……變成了我回憶中難以忘懷的味道。就算已經那麼多年過去了，我還是想念著這碗曾經留在我舌尖的味道。可能……那是愛情的味道吧？只是，我再也找不到那間麵店了。」她這麼說著，帶著一絲苦澀的微笑。

我靜靜聽這位老朋友說完後，告訴她，那間賣炒草帽麵的店叫「劉家餃子館」，我以前也很愛吃這家店的麵和餃子。這間店開在華光社區，原本是國民政府遷台時配給公教人員的宿舍，一些官銜較低沒分到宿舍的人，則在他們長官的同意下，在這裡自行建屋。不過，這裡畢竟是台北市的黃金地段，所以在二〇〇〇年的時候，市政府把這裡納入都市更新計畫；二〇〇六年，這裡的居民突然都收到訴訟通知——因為政府控告他們「侵占」國有土地。這場官司打了好多年，最後，劉家餃子館的老闆娘似乎是心灰意冷了，也不像旁邊的廖家和老張牛肉麵一樣搬個地方繼續賣，而是索性不幹了，那已經是二〇一三年的事了。

就這樣，因為朋友知道我愛做菜，以前也常去吃炒草帽麵，便央求我是否可以重現那個味道。

「我知道我可能一輩子再也見不到他了……但……至少……我想再吃一次那碗麵，再體驗一次回憶中的那個味道。一次就好。也許再重溫一次那個味道，才能夠真正和他告別。」

於是，憑著我對炒草帽麵的記憶與所有能查到的資料，我做了一碗盡可能貼近那個味道的炒草帽麵。

首先是豬肉絲，我用的是里脊肉絲，但一般麵攤應該用的是後腿肉絲或梅花肉絲吧？加鹽和醬油醃一下後上漿，然後用寬油[4]，油寬到不是把肉滑散，而是炸散，再倒出。倒的時候有個細節，是把肉連同熱油一起淋過切好的小白菜上。

其實，炒草帽麵中的「草」就是小白菜。它雖然與古稱「菘」的大白菜或包心白菜是近親，但看上去卻一點也不白。更何況，和將自己緊緊包在一起的大白菜不同，小白菜總是一片片、一株株大方的展現她綠意盎然的菜葉。也因為小白菜從播種到長成只要三十天左右，可說是所有蔬菜中生長期最短的，容易種植又價廉，因此它總是麵攤陽春麵、餛飩湯、蛋包湯或魚丸湯裡的常客。

不過，也由於小白菜的水分很多，很容易變老，所以一定要儘快炒，才能讓葉子維持鮮嫩且葉柄爽脆。滾燙的炸肉絲油一淋下去，正是炒草帽麵的草帽噴香油亮的重要步驟。接下來，在鍋內炒香蔥花後加蛋液，再下過油的肉絲與小白菜。加辣椒、醬油、鹽和高湯拌炒後，鋪在煮好的手工麵條上就完成了。

查華光社區資料的時候，我才知道華光社區的前身，其實是一九〇〇年代台灣日本總督兒玉源太郎建立的台北刑務所，他還曾經在這裡把當時的抗日人士羅福星送上絞刑台。不過，我猜我那位朋友可能不想聽我說這個吧……

---

4 烹飪術語，指大量的油。

眷村菜的緣起

雖然毛、蔣兩人在民國三十四年的重慶談判後簽署《雙十協定》，中國共產黨承認重慶國民政府對中國的合法領導地位，國民政府則承認國民黨、共產黨及一切黨派的平等合法地位，但還是沒有辦法阻止第二次國共內戰的全面爆發。

隔年三月，林彪東北民主聯軍主力三十餘萬，集中於吉林省四平街附近阻止國軍前進，雙方爆發四次四平街會戰，雖然互有勝利，但四平街最終還是在國軍第八十八師、以及第七十一軍和新一軍傷亡慘重的情況下，落於後來改名的東北解放軍之手。在接下來的日子裡，經歷了遼瀋、平津與徐蚌三大戰役，知名將領黃百韜、邱清泉相繼戰死，黃維、杜聿明被俘，傅作義投降，國共內戰局勢開始逆轉。

自民國三十七年下半年開始，各省包括軍人、政府人員、中央民意代表、教師等階層與其眷屬，紛紛來到台灣。最後，在國軍傷亡一七一・一萬、被俘四五八・七萬、投降六三・四萬、易幟一一五萬的結局下，民國三十八年十二月七日國民政府決定遷往台北。這一波遷到台灣的軍民約為一五〇萬人，接近當時台灣總人口數的25%。

當時來台的軍人以山東省最多，高達七二六〇四人，其次是廣東省六六六一三人、江蘇省五四九五〇人。政府為了安置他們與其眷屬，安排了包括現有宿舍，或暫住各地學校、廟宇、倉庫、廠房等，依軍種、階等、職業、任務分配房舍。這些外省籍軍公教人員被劃定在一範圍，在缺乏房舍的情形下，只能選擇在營區附近或其他邊陲土地，就地以竹子、稻草、泥巴等為建材，搭建簡易、克難的平房，形成了我們所熟知的「眷村」。

民國三十八年之後，在台灣陸續建立的八八六個眷村中，台北市就占了一九一個。這些眷村子弟或因為家庭環境，或為了在陌生環境下求自保，組成幫派、從軍的比例也比較高。像是我二爺李振家（青島人稱伯父為「爺」）雖非眷村子弟，也是義氣干霄，與友人共組中和幫，為五虎將中之二虎，後再與友人共創四海幫。我大爺李振國則聽從爺爺的話報效國家，加入空軍，後來搬到辛亥路三段和平高中旁的空軍眷村居安新村。

在違章建築吃滷菜特別有味道

如果不是國家的動盪和戰亂，我山東籍的大爺和湖南籍的大娘（青島人管伯母為「娘」）也許不會相遇，家裡的餐桌上也不會出現山東的餃子和湖南的辣椒炒肉共存；如果不是人民的流離和遷徙，我山東籍的二爺也許也不會遇到高雄的二娘，晚餐餐桌上既有青島的燻魷魚，又有高雄的米粉炒。

在眷村裡，衍生與孕育出像是炒草帽麵這樣「省籍不明」的菜品不知凡幾。而且，這還只是從菜名就可看出省籍不明的菜，其他像是炸醬麵、回鍋肉、麻婆豆腐、獅子頭等這些看似在八大菜系中都能各自找到歸屬的菜品，也不見得能嚐出個南甜北鹹東辣西酸。

自從華光社區消失之後，這裡的店家開枝散葉出去的，有原本位於杭州南路金華街口的「老張牛肉麵」，後來它分成兩家——分別位於杭州南路一段九十三號，以及杭州南路二段四十八號；還有「廖家牛肉麵」，也分成兩家——一家搬到金華街九十八號，另一家在中原街三十九號。「金華麵店」最早開在金山南路金華街口，後來搬到金華街上，在凌晨時分店門口總是排滿了計程車，來吃豬油乾麵、麻醬麵、炸醬麵、餛飩湯，以及滷大腸、油豆腐等小菜，後來它也搬到潮州街好些年了。

還有一間，原本在金華街一一一—二四號的「中原饅頭店」，他們做的包子和饅頭連我的青島爺爺都常去買。這裡賣的可是貨真價實的膠東大肉包，老麵麵皮充滿嚼頭不說，使點勁兒一口咬下是汁多如湯，又湯鮮肉美。此外，它一粒抵五顆小籠包的體型，更是讓人才吃上兩個就有撐腸拄肚之感。

我特別想談一下中原街的廖家牛肉麵。不過，這裡不談牛肉麵，而是談它的滷菜。因為食量有限，後來我到中原街的廖家，索性不點牛肉麵只點湯麵。不過，牛舌、牛月亮（牛膝軟骨）、牛尾巴、牛肚、牛腸、牛筋，每次都各點兩種。老闆蔥花給得極有誠意，總是幾乎滿蓋於切好的滷牛肉上，煞是好看。

賣眷村菜的餐廳有炸醬麵、炒餅或餃子配大蒜，這些是基本的。吃麵不吃蒜，那味道可少一半。若是再上一盤滷味，那可就是名副其實的老兵餐了。邊吃餃子邊剝蒜配著吃，再吃兩口麵，再喝上一口湯，要是能來上一杯二鍋頭就更美了——可惜店裡是不能喝酒的。萬一，還能再上幾道蒜苗炒臘肉、四川泡菜炒牛肉或是砂鍋獅子頭，我看這位客人不是位將軍也是個上校了。台北市紹興南街的「龍門客棧餃子館」，以及四四南村的「南村小吃店」，都是適合當將軍的地方。

龍門客棧餃子館雖名曰餃子館，但滷菜才是鎮店之寶。連最簡單的小黃瓜和花生都做得紅辣開胃、「入木三分」。還有滷雞翅、雞腿、豬頭皮、花干、豆皮、滷牛肉、牛肚，光是排隊等著選這些滷菜，就已是饞涎欲滴。四四南村的南村小吃店除了滷菜和炒菜之外，更有用手工麵條做成的彈牙炒麵，包裹在熱氣騰騰的麵條上肉與蛋交織的香氣，正是眷村媽媽的味道。

但是，靠近市民大道、敦化南路巷子裡的「村子口」，才是讓我常常從松滬會戰打到徐蚌會戰，吃吃喝喝到最後會忍不住想找國父遺像、蔣公遺像還有中華民國國旗敬禮的地方。

吃眷村菜，環境氛圍和餐點水準的比重，要不是五五波，也會是四六比。要是坐在明亮几淨、裝潢奢華、還掛個水晶吊燈的餐廳，吃起來就完全沒那個味兒了。得是那種如鐵皮屋搭起的臨時違建，粗糙的牆板漆著陸軍綠，冒著熱氣的煮麵檯就在門口迎客。屋裡除了木造的高矮方桌和圓桌外，更有老舊的電視、電鍋和大同寶寶。領袖的照片、老闆與領袖的合照、國旗自是不能少，最好還掛上國防部頒的獎狀和各種勳章，裱好、框好，以顯戰功彪炳。有的還甚至在牆上掛著一排軍盔軍帽，旁邊寫著「反共抗俄，還我河山」。

來到村子口，我幾乎是一選定位子，還沒點菜前就先去拿啤酒和杯子，乾一杯潤潤喉，再和店員點個炒菜和主食，然後，才起身去選滷菜。如果是一個人去的話，我會選豬尾巴再配個海帶、滷蛋和豆皮。豬尾巴這種有嚼頭又有骨頭啃的部位，下起酒來特別過癮。

炒菜的話，一個人吃不多，就點一道，看當天老闆做啥我就吃啥，通常以臘肉炒蒜苗的機率最高。老闆一見是我，就會對廚房大聲交代：「二桌那盤炒辣一點、油一點、鹹一點。」

等主食上了，就可以開喝白酒了。吃他們家的菜最適合喝清香型的，不是紅星二鍋頭就是牛欄山。有時，老闆會再請我喝兩杯金門高粱。外場一開始很驚訝的說：「什麼！你混酒喔！」

「啤酒是飲料啦！」我連忙解釋道。

往往微醺之後，就不自覺的和老闆說起家鄉話。我一句「老鄉見老鄉，兩眼淚汪汪」，他回一句「你有盒子砲，俺有機關槍」。

滷味的藝術

現在流行的加熱滷味，是一種在短時間內用滷水將食材燙煮而成的速成食品。如果滷水不用心製作，則味乏汁淡。以加熱滷味而言，重慶口味的麻辣串串是這個概念下最夠味的選擇。

台大歷史系教授兼美食評論家逯耀東先生，在〈台北滷菜的遐思〉一文中認為，台北的滷菜不僅種類繁多，而且味道也各不相同。所謂「滷」，是以醬油與花椒、八角、陳皮、桂皮、甘草、草果、薑、蒜、蔥、冰糖等調味料及香料製成的滷汁，將食材長時間微火煮至入味的烹調方式。滷到能稱得上是道菜，才稱之為滷菜。他提到的「正記」和「李嘉興南京板鴨」（現為吳記南京板鴨）也都是我愛吃的店。

中國有江西贛州的南安板鴨、福建建甌板鴨、江蘇南京板鴨、四川建昌板鴨等四大板鴨。南京板鴨是用鹽滷醃製風乾而成，分臘板鴨和春板鴨兩種，素有北烤鴨、南板鴨之說。由於肉質細嫩緊密，像一塊板似的，故名板鴨。明清時，南京就流傳「**古書院，琉璃塔，玄色緞子，鹹板鴨**」這句話。在清代，由於地方官員會挑選質量較好的新板鴨進貢皇室，所以又稱為「貢鴨」。此外，又因為板鴨容易保存，朝廷官員互訪時會以板鴨為禮品互贈，因此又有人稱之為「官禮板鴨」。

南京板鴨的「乾、板、酥、爛、香」是這種鹽水鴨的最佳寫照。從選料到製成，有著「鴨要肥，餵稻穀，炒鹽醃，清鹵復，烘得乾，焐得足，皮白，肉紅，骨頭酥」一套傳統的方法和要訣。鴨子要選用肉嫩皮薄的，鴨身開六~七公分的口子，以活水浸泡至少四十分鐘除去血水，否則不但肉不夠白，還會有腥味。除此之外，炒花椒鹽也是不可少的步驟，用慢火將花椒、鹽、八角、桂皮、蔥、薑等提前炒好，自然冷卻後，先將鴨胸壓平，然後把花椒鹽放入鴨身切口之中，左右搖動，再以花椒鹽揉遍鴨身內外。醃兩個小時後，放入通常已傳了好幾代的百年老滷之中，浸泡四十分鐘，再掛於陰涼通風處風乾約一小時。接下來，將蔥薑塞入鴨身煮鴨，先在攝氏八十五度左右的水中二提之後，加蔥、薑、八角小火燜煮二十分鐘，再提起一次後煮二十分鐘，待完全冷卻後改刀。

要想燒雞香，八料加老湯

逯耀東先生在文中提到的北平燻雞「逸華齋」一處，就是後來的「信遠齋」。創始人是政府遷台以後、在開封街一段開設「北平同仁堂國藥號」的盧大夫。他原本是以專長的中藥材調製配方，製作燻雞與親朋好友分享。由於非常美味，在眾人要求之下到信義路開了「北平逸華齋」，專賣燻雞及其他滷味。在盧大夫過世之後，之前最受盧大夫疼愛的員工與乾女兒「周媽媽」，傳承了其配方及技藝，以「信遠齋」為名，帶領原本的老員工們，從燻雞到醬肘子等滷菜都傳承了下來，迄今已五十多年。

至於燒雞，中國有著河南安陽滑縣的道口燒雞、山東的德州扒雞、安徽的符離集燒雞和遼寧的溝幫子熏雞等四大名雞，不過這些全都是源於乾隆五十二年（一七八七年）在河南安陽滑縣道口鎮誕生的道口燒雞。

經營燒雞生意的張柄，在街頭偶遇一位在清宮御膳房當過御廚的老朋友，二人久別重逢，分外高興，便備了些酒菜，對飲暢談起來。後來張柄的朋友得知他的生意經營困難，便告訴了他一個祕方，也就是「要想燒雞香，八料加老湯」。八料就是陳皮、肉桂、豆蔻、良薑、丁香、砂仁、草果和白芷八種香料。張柄在友人的指點下，燒出的雞果不僅色香味美，而且熟爛離骨。從此，張炳的燒雞聲名大振，生意興隆。因他姓張，便取「義友濟興」之意，把燒雞鋪號定為「義興張」。河南道口燒雞雖叫燒雞，卻不是用烤的，而是先炸再滷。南方說的「燒」是烤的意思，北方的「燒」則是將食材先煎炸定型後，再以湯汁滷製。

道口燒雞所使用的雞，必須是淘汰的蛋雞，這樣才耐煮。先用短竹子撐起雞身，再將雞翅交叉由口中穿出，形成元寶狀，使其成標準造型。在洗淨雞身並晾乾後，將雞身均勻噴上蜂蜜水，便可入鍋炸製。雞身表面在炸製之後，會因梅納反應而變成淺紅色。最後，在「八料加老湯」中，開鍋後小火燒三個小時。

逯耀東先生所推薦的道口燒雞，在書中沒說店名，只說「以永和一家影院對面巷子裡那家味最佳」，但其實就是永和的「豫記」。其他提到的原本開在中華商場二樓的「唐山燒雞」、仁愛路屋簷下推腳踏車賣滷菜的老傳的符離集燒雞等，皆已不復存在。

除了以上眷村菜餐廳外，木柵路三段的「三老村」和忠順街的「山東餃子館」，是為了逃避軍閥而逃到韓國的山東書生孫爺爺所傳下來的，現在則由孫爺爺的兩個兒子分別經營。三老村之名，指的是爺爺、奶奶以及老爺爺（爺爺的叔叔）三老。三老村除了餃子正宗外，醬蹄膀、醬豬耳、醬豬腳等滷菜，無一不是滷得味通任督二脈，晶瑩剔透、望眼欲穿。

如果喜歡麻辣口味，「蜀留香正宗重慶手工酸辣粉」的渝派麻辣滷味——麻辣鴨翅、麻辣鴨舌、麻辣鴨脖，吃起來更是令人忍不住大呼過癮。

（軍）眷村菜有伙伕頭味

位於仁愛路建國南路口的「忠南飯館」，則又是另一種形式的（軍）眷村菜。

忠南飯館賣的不是眷村媽媽味，而是伙伕頭味，它賣的是「軍中菜」。所謂的軍中菜，是隨著八年抗戰和國共內戰，國軍部隊從沿海省分先是移入大西南的四川，後來又轉戰各地。於是，江浙或北方的菜品沾染了川菜的手法；軍中來自五湖四海的好漢，也分別帶著自己的家鄉味來到軍中，從而融合成一些家常菜。

這間店的第一代老闆黃聲，十四歲就隨國軍撤退來台，向各地老兵學會大鍋炒製各自的家鄉味。加上他開店時，號召了一票也是自己的軍中同袍，使得這兒的菜色格外引起待過軍隊的老兵共鳴。他也因為感念老將軍，因此用老長官的名字當店名，民國四十五年開了這家餐館。店裡賣的，正是以前軍中常吃的菜色。忠南飯館還為了保留軍中的味道，連米飯都分為蓬萊米和軍中吃的在來米兩種，從開店以來，這兩種米飯一直都是免費吃到飽。

店內牆上的數十道菜品，除了湯類之外，只有分成四種價位。二〇二一年一五〇元的菜品包括韭菜豆干、麻婆豆腐、番茄炒蛋、黃豆芽等；一八〇元的菜以回鍋肉、豆干肉絲、開陽白菜、雪裡紅等菜品為代表；二一〇元的菜色就有紅燒獅子頭、蹄花黃豆、泡菜牛肉、梅菜扣肉、芹菜牛肉、芹菜魷魚等；二八〇元為豆瓣魚和魚湯。另外，還有滷牛肉與各式湯品。在看似家常的菜品，又有著各大菜系的經典菜色，可說是以川菜為體，江浙菜為骨，再收納了湘菜和粵菜。

其中最經典的一道蹄花黃豆，源自於以前軍中長官吃肉剩下的豬蹄——即以軍中最不缺的食材拿來燉。這道菜的蹄花吃起來外皮略帶嚼勁而清爽，不像台式或上海式的滷豬腳那麼甜膩，因此非常耐吃。這道菜的黃豆，在前一天要先泡水後再煮，去除豆腥味，煮完之後將水倒掉，接下來還得冷凍一天，讓黃豆熱脹冷縮，使其在蒸製之後不但口感綿密且不散，又飽吸湯汁。最後，再與蹄花蒸六個小時才完成，耗時兩天。此外，這道菜的蒸盅最下層鋪著豬皮，讓整盅菜品充滿了膠質。這樣一道費時又費工的菜，居然只要兩百元出頭。

芥藍臘肉的臘肉要選用湖南臘肉。由於臘肉比較鹹，因此爆半肥半瘦的切片臘肉時，得加一些味精提鮮，這樣成菜才不會死鹹。所謂「不死鹹」，就是因為有足夠的鮮味，也就是麩胺酸納與呈味物質的融合，帶給我們口腔內充實、完滿的味覺感受，緩慢消散。有的時候，吃辣吃得燒心，辣得不舒服，也是因為鮮味不足。同樣的，若是辣得不燒心，也正是因為鮮味引領著我們，才會吃得歡愉而一口接一口。

豆干肉絲則挑選比較有彈性的豆干，而且從買回來之後到切好都要泡在水裡。炒的訣竅是不能全程大火快炒，而是在炒製過程中要稍微加一點水，用㸆（ㄎㄠˋ，以小火燉煮、收乾）的方式讓它收汁。一方面保持豆干的軟嫩，一方面也讓豆干能夠更為入味。

除了忠南飯館，「公公小館」也是熱炒菜色非常豐富的一間眷村菜。以湘菜為主幹的眷村菜在台北很少見，陳安達與母親袁傳錦一同經營這間店，因為懷念小時候外公做的湖南菜，而取了公公小館這個店名。母親負責滷味，和湖南老師傅學過菜的兒子負責炒菜。其中用泡蘿蔔炒的老鐔炒肉絲，酸辣夠味，我每次都要連吃兩盤，或是點一盤牛肉絲、一盤豬肉絲才過癮。炒臭仙這道炒臭豆腐和剁椒爆蛋也是我的必點。

還有一道裝在小學生用的不鏽鋼便當盒的特別菜色「克難飯」，光看其名可能讓人丈二金剛摸不著頭腦，但其實就是臘肉青菜蛋炒飯。老闆以眷村黑話圍毆之意的克難飯（或作「嗑爛飯」）命名，充分展現眷村文化。

其實，有許多眷村黑話早已融入我們的日常用語之中，像是死掉叫「掛掉」，「扁」就是毆打，騙錢叫「嚎鋃」，「擋鋃」是借錢，「凱子」指被人騙錢的冤大頭或出手大方的人，「哈啦」是閒聊，「太保」指流氓，「打槍」就是拒絕，「性子」和「馬子」分別是男女朋友的意思。

11

宮保雞丁——千香百味的四川菜

宮保雞丁獨特的煳辣風味與酸甜可口的味道，再加上滑嫩的雞丁與酥脆的花生所形成的鮮明口感對比，讓許多吃過的人都難以忘懷。

台北的川菜館子雄霸中菜餐廳一方。從台北車站的「小魏川菜」、米其林必比登二〇一九、二〇二〇推薦的「四川吳抄手」；西門町川菜一條街的「真川味」、「新芷園」、「黔園」；公館商圈的「峨眉」和「重順」；東門的「小郭川菜」；建國南路濟南路口的「黃河蜀魚館」，到以砂鍋雞湯聞名的「驥園」等數十年老店。到後來的「皇城老媽」、「KIKI」、「川妹子」、「老罈香川味兒」等，少說也有上百家。至於是否能在這些川菜館吃到正宗美味的蒜泥白肉、回鍋肉和麻婆豆腐，需靠著對其味型的基本認識來評斷。

做為西方人最熟悉的中菜之一——麻婆豆腐，想吃到正宗的，可以在東京「四川料理 趙揚」這間食べログ（Tabelog）上得到銀牌賞的川菜館中吃到。成都的「陳麻婆」，在東京、横濱、名古屋、大阪也都以其正統口味而大受歡迎。同樣是西方人最為熟悉的中菜之一——宮保雞丁，在台北的許多老店都已經喪失其味型。除了調味與烹調方式的問題外，宮保雞丁明明是「雞丁」，卻做成雞塊的情形也是屢見不鮮。其薑與蒜也都切成片，不是薑末和蒜末，但明明**中菜講究的就是「絲配絲，片配片，丁配丁」**。蔥的部分更必須講究，用蔥白將之一破四開後，再切成豆瓣蔥。

在這個什麼都混雜的時代，台菜餐廳出現宮保雞丁並不足為奇。有本飲食專書中，作者論及已故飲食作家唐魯孫先生的作品時指出，唐魯孫先生的作品有兩大特徵：一是肯定中華飲食是高度藝術的表現；二是對菜餚傳統與本真性、正統性的重視。關於這樣的特徵，作者批評：「**唐魯孫從自身的經驗與記憶中取材，將北平的飲食文化視為一種『好』的飲食標準，並以此評價其他各地的飲食文化，包括台灣飲食。如此，他在台灣所接觸的飲食自然是不合乎其標準。**」（陳玉箴，《「台灣菜」的文化史》，P.321）。

「**唐魯孫對台灣飲食的不滿，主要原因之一是台灣餐館中『不純正』的烹飪方式以及『混省菜』的現象……**」「**然而，他對台灣飲食的批評與不滿，也顯示出對台灣文化的缺乏了解，特別是對台灣大酒**

樓中常見的混省菜現象」（陳玉箴，P.322–324）。

作者又提到，唐魯孫先生在吃了台灣北平館子做的雞絲拉皮後，批評：「**大陸各省的飲食，台灣現在大概都會做齊了，可是直至如今還沒吃過一份像樣的拉皮**」。（陳玉箴，P.324）。

關於以上幾點，另一位致力於推廣傳統台菜的作家，無獨有偶的也在她書中不只一次提過自己的不滿：「**這些年我去過好多家知名的台菜餐廳，發現有些台菜餐廳菜單上現在竟然也有了宮保雞丁、酸辣湯，有些餐廳雖高舉『台菜』的招牌，內部裝潢也是古色古香，濃濃台灣味，但端出的台菜卻只有菜脯蛋、香腸炒飯等幾道最普通的菜色，這讓我十分感慨台菜到底怎麼了！**」（黃婉玲、林偉民，《老台菜》，P.6）。

若是將上一段的「台菜」和「台灣」換成「北平菜」和「北平」，可以看出，引文其實是在尋求台菜或北平菜的本真性與正統性，是想要保存傳統飲食文化的人所共同追求的。《老台菜》作者抱怨台菜餐廳出現宮保雞丁，絕非貶低川菜；唐魯孫先生抱怨台灣的北平館子做不出好的雞絲拉皮，也不是在貶低台灣。

宮保雞丁之魂與味型

正宗的宮保雞丁要如何辨識？川菜特一級廚師、一九九九年被成都市政府授予「成都市優秀廚師」稱號的黎雲波說：「這道菜是在清朝的時候，丁寶禎任四川省總督，他的家廚所創製出用雞腿加花生、乾辣椒做成的一道菜。」雞、乾辣椒、蔥白切成四分見的丁，薑蒜切成四分見方的片。其中，糖和醋的比例非常關鍵，1：1.5，是酸甜中帶鹹的「荔枝味」，鹽加不夠的話就成了糖醋味。急火短炒，雞丁下鍋幾十秒就要起鍋。

陳麻婆豆腐第七代傳人、中華老字號非物質文化遺產傳人汪林才強調，雞要用仔公雞腿（飼養半年左右的小土公雞）才鮮嫩。他說，民間雖然稱這道菜為宮保味，但是在行中，它就是小荔枝味。其香味是採用了乾海椒和花椒的煳辣味，最後成菜後，入口不能吃到酸味和甜味，而是吃到鹹味和鮮味，最後再回甜、回酸。

煳辣小荔枝味型

現任四川省旅遊學校美食學院院長的川菜特級廚師曹靖說，川菜的宮保雞丁從味型上來看，是「煳辣小荔枝味型」。小荔枝味與荔枝味相比，酸甜味較淡，這樣便於融合麻辣蔥香等其他味型，入口先甜後酸，再帶出麻辣鮮香

成都的四川飲食研究者向東則說，宮保雞丁由於採用乾辣椒、花椒熗炒，而產生辣麻煳香味，巧用鹽糖醋，使其鹹甜酸滋味平衡，再取蔥薑蒜之辛香，滲入諸味之中。另一位成都四川飲食作家石光華則認為，正宗的宮保雞丁入口要香酥嫩鮮，回口要在煳辣味和荔枝味的

結合中，品出香辣中的微麻、微甜、微酸，以及蔥爆蒜炸的氣息。

風格多變的川菜與百味相融，生出層出不窮的千香百味。其中最基本的就有二十四種，是中國八大菜系中味型最為豐富的菜系。

在川菜的二十四種味型中，又可分為三大類。第一類為麻辣類味型，包括麻辣味、紅油味、煳辣味、酸辣味、椒麻味、家常味、荔枝辣香味、魚香味、陳皮味、怪味等。第二類為辛香類味型，包括蒜泥味、薑汁味、芥末味、麻醬味、煙香味、醬香味、五香味、糟香味等。第三類為鹹鮮酸甜類味型，有鹹鮮味、豉汁味、茄汁味、醇甜味、荔枝味、糖醋味等。

宮保雞丁的煳辣味，**「煳」是指略焦的**，作法是把乾辣椒在油鍋中炒出乾香味後，再加入川鹽、花椒、醬油、醋、糖、味精、蔥、薑、蒜、料酒等調料，讓乾辣椒和花椒在油鍋中（油溫不能太高）炒到香味嗆鼻，卻又不焦、不煳，激發出香辣嗆麻之味。也就是以熗炒的方式，取乾辣椒的乾香與煳辣，再以大火把辣味熗入新鮮的原料中，讓煳辣香與新鮮食材結合在一起。

荔枝味型並不是用真的使用荔枝，而是其味類似荔枝。所以，**實際上就是酸甜味道，因此糖的量要略少於醋**，做出酸味略大於甜味，類似水果的味道。這樣的酸甜味道亦是以鹹味為基礎調製，也就是在鹹鮮中略帶酸甜，以川鹽、白糖、醋、醬油、味精、料酒，並取薑、蔥、蒜的辛香氣味等烹製而成。此外，薑、蔥、蒜用量不宜過重，僅取其辛香氣，以免喧賓奪主。

在川菜中，味覺構成為酸甜味的菜餚，除了荔枝味型之外，還有糖醋味型和魚香味型。這三種味型在甜與酸的拿捏上各有不同。最簡單來說，糖醋味就是大甜大酸；（大）荔枝味的糖醋味再低一些；小荔枝味——也就是魚香味型——糖醋味則要再更低。細分的話，糖醋味型的味覺構成是甜、酸、鹹、鮮，味覺特點則是甜酸味濃，回味鹹鮮；荔枝味型的味覺構成也是甜、酸、鹹、鮮，但因為其中糖醋比例要做到「進口酸，回口甜」的效果，所以調製時，糖的用量不可超過醋，進而達到酸甜可口、味似荔枝的味覺特點；魚香味型的味覺構成則在鹹、甜、酸、辣、鮮之外，還多了一個香，特點是透過泡辣椒來增強鮮味，而其香則來自比荔枝味型要來得大的薑蔥蒜比例，從而達到鹹甜酸辣兼備，蔥薑蒜香濃郁的味覺特點。

以上兩者所結合的「煳辣小荔枝」，就是正宗宮保雞丁的味道。

宮保雞丁與丁寶楨

在很多方面而言，宮保雞丁害了丁寶楨。因為宮保雞丁，所以大家不曾提到丁寶楨在三十四、五歲的時候，平定廣東平遠和貴州獨山等地的白蓮教和苗族之亂；因為宮保雞丁，沒人知道丁寶楨在他四十三歲那年被擢升為山東按察使，次年升任布政使時，奉僧格林沁命進攻白蓮教起義軍宋景詩，並參與鎮壓捻軍，還在升為山東巡撫的四年後大敗捻軍，被加太子少保銜。丁寶楨以違反祖制、擅出宮禁、在未攜帶任何公文的情況下出宮遊玩且借機斂財的「宦豎私出」罪名，將辛酉政變後深得慈禧寵信的總管大太監安德海在山東濟南就地正法，此等大快朝野上下人心之事也甚少被提及；丁寶楨任四川總督後，創設四川機器局，維修都江堰，並且編纂了總結四川井鹽生產技術的《四川鹽法志》等事跡，往往也只被一筆帶過。

就因為這道他愛吃的雞丁。

也因為他的宦途，這道雞丁經歷了三個省的流浪和轉變。從丁寶楨家鄉貴州的辣醬炒雞丁，演化為他任山東巡撫時的醬爆雞丁，最後定型為他任四川總督的煳辣荔枝味雞丁。也因為這樣，現在這三省都說宮保雞丁是自己的菜，不過，在這三個版本中，貴州版的宮保雞丁是沒有加花生米的。

丁寶楨是貴州大定府平遠州（今織金縣）牛場鎮人，從小就愛吃雞肉。其家廚通常是以蒸或清蒸的方式來烹調，再蘸貴州的糍粑辣子味碟來吃。直到有一次，丁寶楨到他的拜把兄長王小勤家拜訪時，因為來不及燉雞，也來不及蒸，於是王家就把雞剁成塊，配糍粑辣椒一起拌炒。結果丁寶楨一吃就欲罷不能，並叫家廚學這個作法。

後來到了一八六九年，丁寶楨調任山東巡撫，這道辣子雞的作法，也從貴州被其家廚帶到山東。在濟南期間，丁寶楨曾請當地名廚周進臣和劉桂祥等魯菜大師，到府上辦宴席。他們兩位大廚得知丁寶楨愛吃辣子雞丁後，便以魯菜的醬爆法做成了醬爆雞丁，不過他們加的是鮮青椒。丁寶楨吃了之後，雖然覺得這雞丁醬紅滑嫩又鹹甜鮮辣，但還是喜歡他原本吃慣的、加了家鄉糍粑辣椒的煳辣香味版本，因此令家廚將兩種作法合而為一，創造出一道全新的菜品，並成了丁府款待賓客不可或缺的一道菜。

至於我們現在熟知、四川本土的宮保雞丁，則是來自離成都兩百多里的邛崍市，由當時卓王府的家廚陳師傅所烹製出來的。從漢文帝的時代開始，這裡的卓氏家族就是四川鐵銅礦的開採冶煉大戶。丁寶楨就任四川總督之後，不管是維修與改建都江堰，或是籌辦四川機器局製造機器與槍炮，都需要大量的銅鐵。為了掌握第一手資訊，他便親自考察川中各主要銅鐵場及其冶煉生產狀況。當他要視察邛崍的通知發到當地，當地官員就立即與卓王府商議要如何接待他，這個重責大任，便落到了卓王府的陳姓家廚身上。

陳師傅把乾辣椒節和花椒炒香後，倒入切丁、醃好的雞胸肉，然後加酒、青辣椒節、蔥薑蒜一起炒香，再倒入事先以鹽、醬油、醋、糖、高湯和太白粉水調好的芡汁翻炒，最後撒入一把油酥過的花生，巔個幾下鍋便裝盤。吃了這道油亮汁美、煳辣酸甜、鹹鮮滑嫩又花生酥脆的雞丁後，心滿意足的丁寶楨便傳廚師上堂，問他這道雞丁是怎麼做的？

陳師傅一五一十的稟告後，丁寶楨又問菜名為何？陳師傅思索了一下，答道：「大人在家鄉喜吃辣子雞丁，在山東愛吃醬爆雞丁，這款川味雞丁此前沒得，是特地為宮保大人所創製，故在下以為該叫『宮保雞丁』為好，不知妥否？」

結果包括丁寶楨在內的眾人都齊聲叫好。丁寶楨又說，他到四川之後，剛好沒找到合適的家廚，希望陳師傅能做他的家廚。自此之後，陳師傅便一直事廚於丁府，直到丁寶楨去世為止。

宮保其實是個官名。太師、太傅、太保——古稱三公，從周代開始設置；自北魏開始，又被稱為三師。其中太師負責教文，太傅教武，太保則是保鑣。後來，太保漸漸成了一個虛銜，僅表示一種榮譽。丁寶楨就是被賜了這一個官位。宮保雞丁之所以得名，也是為了抬高這道菜的身價。

這道菜出現後，由於其獨特的煳辣風味與酸甜可口的味道，再加上滑嫩的雞丁與酥脆的花生形成鮮明的口感對比，使得這道川菜複合味型的煳辣荔枝味（小荔枝味）菜品，許多吃過的人都難以忘懷，從而迅速在四川廚界與民間廣為流傳，遂成一道名菜。而且，很快的還傳回貴州，在貴陽酒樓裡也出現了宮保雞丁。

三種宮保雞丁：貴州、山東和四川的混血

前述宮保雞丁源於貴州糟辣爆炒，傳至齊魯成青椒醬爆，盛於巴蜀糊辣煎炒。在黔、魯、川三種宮保雞丁的版本中，黔菜版的宮保雞丁需要先將雞丁滑油再炒，魯菜和川菜的版本則是一鍋成菜，又稱臥油炒。黔菜版的雞肉切得較大，還要求塊塊帶皮，並混合了雞胸肉與雞腿肉，稱之為宮保雞塊更為合適。此外，黔菜版宮保雞丁的煳辣味，也不像魯菜和川菜版是用乾辣椒爆鍋，而是用貴州獨特的糍粑辣椒，還會加入甜麵醬來調合味道。糍粑辣椒要先將辣而不香的遵義乾辣椒和香而不辣的花溪乾辣椒，以1：1的比例混合，以熱水泡過十幾分鐘後，和薑、蒜、鹽一起搗碎。之所以叫做糍粑辣椒，是因為搗辣椒的方式和打糍粑一樣。

魯菜版宮保雞丁則已經是川菜版的完成型了，只是乾辣椒用量沒有川菜版的用量大，而且是按照醋、醬油、糖的順序，一個一個下調

料，不像川菜版是事先調好碗芡。

川菜版宮保雞丁和魯菜版一樣講究急火爆炒、一氣呵成，讓雞丁在最短的時間內受熱成熟，以求其滑嫩口感。也因此，事先調好調味汁（碗芡）非常重要，因為最終這碗調味汁會同時起調味和勾芡兩個功用。

川菜版宮保雞丁

- 先用鹽、糖、酒、四川的保寧醋、高湯和太白粉水調碗芡。其中，糖、醋和鹽的比例非常重要，比例約為8：10：3。
- 將雞腿肉切成四平方公分的丁，然後加少許水、鹽、醬油、花雕酒、香油，蛋清或全蛋液半個和豌豆粉醃二十分鐘。
- 蔥白、乾辣椒、薑、蒜、蔥綠切成與雞丁差不多的大小。
- 炒的時候必須以菜籽油混合豬油，然後在六成油溫時，下雞丁、花椒、乾辣椒、薑、蒜。

◆ 待雞丁變色後加入蔥白，然後下碗芡，推轉炒鍋。

◆ 最後下油酥花生和蔥綠起鍋裝盤。

東北燒烤與宜賓把把燒

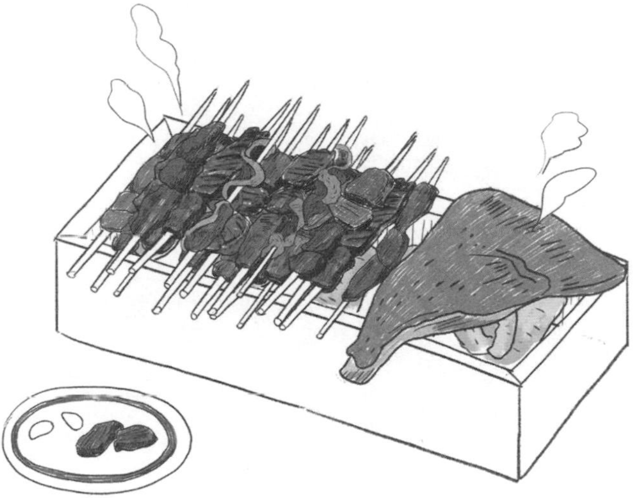

雖說東北燒烤是被新疆人的羊肉串所啟蒙，但東北燒烤在自己的烤爐與炭火之中，由點點星火燒成燎原之火，發展自身的風味。

沒有燒烤的夏天，是不完整的。

在台北市的市民大道上，來自東北吉林、八十二年次的年輕人耿多，為台北帶來了正宗的東北燒烤。

也許是因為個性的關係，我和東北人及北方人特別聊得來。小耿是吉林人，他剛在六條通開關東煮賣麻辣串串時，我就和他一見如故，後來他在東區開了「辣二爺」之後，更是我們幾個好友最常聚會的地方。還有一點很重要，在這兩間店他炒的重慶火鍋底料，都是純牛油製作，香料也下得正宗，是我在台北吃到唯一和重慶完全一樣的口味。他之所以會做如此正宗的重慶火鍋底鍋底料，是因為在東北認識了一個重慶火鍋的老師傅。前幾年，由於他發現台北沒有一間正宗的東北燒烤店，因此每次回東北，都會在黑吉遼到處吃、到處學。後來，他覺得瀋陽的燒烤特別好吃，分別去了幾間店學藝，終於在前陣子、疫情升級的前夕，開了間正宗的東北燒烤「老胖擼串 烤羊腿」。

之所以取名「老胖」，只因為接地氣，俗又有力。這裡的味碟不但口味正宗，而且從烤羊腿、羊肉串、羊排、羊蛋、羊腰子，到牛、豬、雞各個部位，烤鵪鶉、烤乳鴿……各種肉類應有盡有。另外，還有朝鮮冷麵和吉林街頭小吃雞湯豆腐串。在這兒大口吃肉，大口乾掉一杯又一杯的紅星二鍋頭，實在暢快！

新疆羊肉串：中國當代燒烤的啟蒙者

燒烤，是人類最早的烹調方式，也是人類脫離「茹毛飲血」的標記。正如《禮記．禮運》中所載，原本人類是「**未有火化，食草木之實、鳥獸之肉，飲其血，茹其毛**」，後來才開始「**以炮以燔，以亨以炙，以為醴酪**」。然而，以全世界而言，中菜並不以燒烤出名。中國大陸的燒烤遍地開花，也要**遲至一九八〇年代，新疆烤羊肉衝出新疆、開始流行於中國各省之後**。

燒烤一直處於中菜各式烹調方法的最末位，原因可能是中國各朝代以密集農作為主要型態，肉品與歐洲國家相較之下，自然是稀少且昂貴。因此，幾世紀以來的中菜廚師，無不想要以最能夠發揮肉品美味的技術來烹調，他們或將肉切丁，或切片，然後細心醃漬，再以煎、煮、炒、炸等各種高超的烹調技術使之成菜。

即便到了這幾十年，燒烤在中式料理界仍一直只能當做陪襯的宵夜，這些年來才逐漸由宵夜變成正餐。串，成了中式燒烤的基本型態。要說現在中國大陸雖然各地都有各自的燒烤流派，從東北的「大金鍊子小手錶，一天三頓小燒烤」、到雲南昭通與四川宜賓的把把燒，但其實往前溯源，這些已然開花結果的燒烤流派一九八〇年代之後才從新疆烤羊肉串開展出來，也是在一九八〇年代之後，孜然與烤肉串的味道結合，才隨著新疆人遷徙到中國各地，傳遍了全世界。

新疆人用來串肉的竹籤，是與胡楊、梭梭並稱為「中國三大荒漠林樹種」的紅柳（學名「多枝檉柳」，Tamarix ramosissima）。用紅柳枝串羊肉來烤，在烤的過程中，會分泌出有點黏稠的紅柳汁液。在炭火的薰陶下，不僅可以分解掉羊肉的膻味，還會把紅柳樹特有的香味溶入羊肉之中，散發出植物清香。此外，吃著水草豐美的羅布麻、甘草、麻黃草、肉蓯蓉等野生中草藥長大的新疆羅布羊，由於放牧時都是吃含鹼量高的牧草，起了自然排酸的作用，所以鮮嫩味美，毫無膻味，因而有著「天下羊肉尉犁香」的說法。也由於羊肉夠好，不管是烤羊肉串或烤全羊，都不需要太複雜的烹飪與調料，只用一把粗鹽，就能釋放羅布羊的美味了。甚至還因為這裡的烤肉好吃，流傳著「**小孩兒吃了長得快、老太婆吃了跑得快**」的說法。

不過，在新疆，倒不會稱羊肉串為「羊肉串」，僅稱為「烤肉」。而且，甚至也不需要特定加上「羊」字。因為，除非是特別要求，不然新疆所有的烤肉都是羊肉。

東北擼串點點星火燎原

提起東北的燒烤，有人說「大金鍊子小手錶，一天三頓小燒烤」。不過和這種說法比起來，我更喜歡的是在不大的燒烤攤上：「咋地啦？沒錢了？啥話別說，這頓我的！被坑了？走走走，喝完這瓶，沒人的了呢，欺負咱兄弟！吃串不吃蒜，白來東北轉！拜（別）說了，整！」有悲歡離合，有相遇分離，有摩擦衝突。這些都是生活，這些都是人間煙火。

東北人把烤串稱做「擼串」，而且吃燒烤一件很私人的事，能跟你坐下來擼串的人，代表都是自己人，那是一種認同感與歸屬感，也因此，東北的燒烤攤到處都是知心兄弟酣暢淋漓的交流。

在出現「擼串兒」一詞之前，東北人直接稱「吃燒烤」或「整點串兒」。對東北人而言，擼串不能自己一個人去吃，必須約上三五好友，最少也得兩個人，大夥兒一起吹牛皮是擼串的文化內涵之一。烤串上桌前，先至少幹掉一瓶啤酒，通常是冰的「老雪」；喝得比同桌其他人都快，還不時會抓一把「羊槍羊蛋」分給大家肉串吃的人，通常是這一桌的領袖級人物。

雖說東北燒烤是在一九八〇年代初，被新疆人的羊肉串所啟蒙。但在這之後的歲月，東北燒烤在自己的烤爐與炭火之中，由點點星火燒成燎原之火，黑吉遼三省，各自發展出自身的風味。

以整體搭配來看，黑龍江用的是鹽、糖，辣椒粉、孜然與花生碎的混合醬料，配著哈啤（哈爾濱啤酒），百搭的小菜是由花生、毛豆組成的「花毛一體」以及拍黃瓜，主食則是疙瘩湯。而且，哈爾濱的燒烤還有如俄羅斯大串、烤大牛腰子、心管夾肉、酸黃瓜等其他地方少有的特色。原味牛、羊肉串，則生肉不醃，放辣椒和孜然，保留了最初新疆人的烤法。哈爾濱羊肉串還有一個獨創的祕訣，那就是用糖來調和肉的膻味，使其肉質鮮美。在燒烤店裡賣涮毛肚，正是哈爾濱人燒烤的一大特色。

另一方面，吉林的燒烤則使用蒜水加上朝鮮辣醬，喝的是金士百和長白山啤酒，配辣白菜和朝鮮熗拌菜當小菜，主食為朝鮮冷麵。遼寧的醬料為錦州特色白料和海鮮醬，配老雪與天星啤酒和海鮮小炒，主食則是炒方便麵。

齊齊哈爾的烤肉

在丹頂鶴的故鄉——黑龍江的齊齊哈爾，燒烤有的用鐵盤、也有烤串。這裡用的烤盤，和北京烤肉一樣用的是炙子。此外，根據齊齊哈爾文史專家譚彥翹先生的說法，齊齊哈爾以前吃烤肉叫做「吃鍋鐵」。什麼是吃鍋鐵呢？「說是吃鍋鐵，其實和吃火鍋一樣，火鍋是炊具，鍋鐵也是一種炊具，前面加上一個吃字，就很有意思了。鍋鐵是一塊形呈凹窪的鐵鍋片，其規格大致相當於九印鍋的四分之一大小吧。用時，將這鍋片架在炭火盆上，將牛油放在其中，待油脂融化，即用木筷子夾著牛肉片，放在鍋片上翻烙烤，翻騰兩三次，肉片變了

色，再蘸著佐料吃。形式上是把肉片放在鐵鍋片上烤，然後吃烤熟了的肉片，因為用的是一塊碎鐵鍋的鍋片，所以人們就叫作吃鍋鐵。」

由於齊齊哈爾西鄰內蒙古的呼倫貝爾草原，有著絕佳的肉源，因此吃烤肉對鮮度的要求很高，一定要吃當天現殺的牛肉。牛肉的分切也很細，分為十七個部位。幾乎每一個齊齊哈爾的家庭主婦都有自己的烤肉「祕方」，這個祕方體現在「拌」字上。所謂的拌肉，就是現切、現拌新鮮的牛肉，主要與鹽、洋蔥、香菜、辣椒和大豆油等調料抓勻、拌勻。之後，就可以端出塗上牛油的鐵鍋開烤了。烤好以後，可以直接吃，也可以像韓國烤肉一樣，用紫蘇加蒜片、辣椒圈把肉捲起來。

西南燒烤之昭通把把燒

昭通的燒烤起源於當地的回民。昭通小串在當地叫做「把把燒」，就是整把烤製、不賣單點的意思。一開始，是用已經耕不了地的老耕牛。因為肉質老，做成小串口感才會比較好。也由於串成小串，因此串起來費時費力，是一件苦差事。一家生意好的店，一天可能要串個一萬串以上。

昭通小串的靈魂是滷湯。上百家小串味道上的細微差別，就在於滷湯，滷湯正是其特有烤法之基礎，也就是在烤之前，先將小串上的食材浸泡入味，然後再以猛火快烤，眼花撩亂的不停翻轉，鎖住味道。烤出來的小串又嫩又辣，並回味著滷香。

牛肉小串會在烤到六、七成熟的時候，即撒上乾辣椒提味。這是當地人最愛的吃法，如果辣椒放不夠的話，整個味道就不對了。

四川宜賓把把燒

宜賓把把燒是在昭通把把燒的基礎上，以昭通明火飄燒的烤法，結合了四川人喜愛的麻辣，同時增加了食材的種類改良而來。把把燒之所以叫「燒」，源於它的烤法是用一把十～十五根的竹籤，同時放在明烈的火焰上，食材在旺盛的火焰中飄來飄去，在高溫的火力下，食材被燒熟了，這種烤法去油氣，又不沾油煙，充分保證了食材的鮮嫩。也因為這種烤法會在火源上飛騰飄動，因此被稱為火上飄。

① 生牛肉

宜賓把把燒中，生牛肉不但是檢驗正宗與否的唯一標準，也是最生猛的吃法。生牛肉所選用的是牛身上最嫩滑、最適合生吃的牛背肉，並且要經過排酸處理，也就是在低溫環境下讓肉中所含的乳酸轉換成水、二氧化碳、酒精被排出。在此過程中，細胞內的大分子三磷酸腺苷，在酶的作用下會分解為鮮味物質，換句話說，就是以低溫熟成的方式增加牛肉的鮮味，成就肉質的柔嫩。

生拌牛肉在點單後現切，現以辣椒粉碼味（醃漬入味），食用時則是蘸以混合了山葵的醋汁，再配著香菜吃。

②半壯肉與全壯肉

把把燒中的烤牛肉使用的是黃牛肉，又分成肥瘦相間的「半壯肉」與全肥肉的「全壯肉」——這是把把燒發源地雲南昭通水富的說法。所以這串肉有多壯，就是看它夠不夠肥了。

半壯肉是肥牛肉和牛里脊部分的結合，適合怕吃太油的人；不過，吃燒烤完全不油也不過癮，因此肥肉與瘦肉和諧相處的這麼一串就誕生了。全壯肉雖說全是肥肉，但是烤到酥脆之後，吃起來卻不會覺得膩。這種全是肥肉的串，在燒烤店又叫做烤牛油——那滋味吃過之後真是令人難忘：焦脆的口感，加上那油脂爆漿的鮮香在口腔中縈繞，別的串味道難以匹敵，是我自己吃把把燒時最喜歡的品項。

③烤掌中寶

「**走獸蹄上筋，飛禽掌中寶。游魚月牙肉，甲魚裙邊料。**」這些都是食材中的精美部位。其中「掌中寶」就是雞爪中間凸起來的那一坨肉，俗稱雞膝骨，咀嚼起來則是兼具爽脆與柔韌。

④ 烤豬鼻筋

豬鼻筋就是豬的兩條鼻樑筋，豬頭上叫做核桃肉的部位，兩條鼻樑筋就藏在裡面。一九九二年，四川省宜賓市珙縣下轄的巡場鎮，一個做滷肉生意名叫單四的人，最早拿這個部位來做燒烤食材，隨即紅遍四川。

豬鼻筋看起來軟，嚼起來脆。在烤之前，要先用沸水來煮，並且要去掉包裹在豬鼻筋上面的脂肪層，然後先用大火烤香，再用小火將調料烤到入味，火候要把握得恰到好處，以求入口軟、嚼口脆的口感。

⑤ 烤五花肉

把醃五花肉切得小小的，串起來，塗上料油後，進行火上飄式的烤製。不出幾分鐘，就可以吃到一口接一口、一串接一串，混合著油脂、香料與辣勁的烤五花肉把把燒。那種酥中帶油、香中帶辣的口感和滿足感，讓紅燒肉、滷肉飯、韓式烤五花這些五花肉料理的代表們都顯得單調了。

⑥ 烤玉米粒

在台灣，夜市裡一根一根的烤玉米有時候價格飆到上百元，讓人嚇一跳，啃起來也挺辛苦的。把把燒的烤玉米粒則是一小排整齊的串在竹籤上，好似一排牙齒，看起來煞是可愛。只是這樣串起來真是挺費工的，真是辛苦負責串串兒的人了。

⑦ 烤土豆片

把把燒型態的烤土豆（烤馬鈴薯），串起來危機四伏。切成薄片的馬鈴薯如果用力太輕，無法穿透；用力過猛，不但有可能導致馬鈴薯片破裂，戳進手裡也是常態。但是，和整顆烤馬鈴薯比起來，顯而易見的不只是它和調料的融合度，更是它介於酥脆的洋芋片與鬆軟的烤馬鈴薯間，那種多一分則太軟、減一分則太硬的專屬口感。

8 包漿豆腐

許多人認為，吃宜賓把把燒，不點包漿豆腐等於白來。這種包漿豆腐的作法，源自吃豆腐方式千變萬化的雲南紅河州（紅河哈尼族彝族自治州）。包漿豆腐的外皮焦黃酥脆，裡頭則是飽滿的漿汁，一定要趁熱食用，一口咬下，香辣的佐料與漿汁會一同在口中迸發。

包漿豆腐的由來有二說，一說是紅河州開遠市車站附近，一對賣燒烤的夫婦因為燒烤豆腐的失誤而誕生；另一說則是用了特殊的水泡過豆腐後，再進行燒烤。

以上琳瑯滿目的食材，但由於我之前在台北吃了一間號稱賣把把燒的店，結果味道和作法完全不是那回事兒，所以後來都乾脆自己在家做。

豬五花把把燒

◆ 料油：用130°C油溫炸薑片、蔥段、蒜片、香菜段、八角、桂皮、花椒、白蔻、月桂葉，小火炸至金黃色後撈出。

◆ 烤肉撒料：孜然、白芝麻、香料粉（雞精＋味精＋高湯粉＋十三香）。

◆ 豬五花切指甲片，用辣椒粉、十三香、鹽味、精花椒粉醃四小時。

◆ 將豬五花串好後，邊燒烤邊塗上料油和烤肉撒料，烤好之後再撒上蔥花即成。

13

牛丼、親子丼、鰻魚丼

來自日本的丼飯中，口味最重、最庶民的就是牛丼；最高級的是鰻魚丼。隨著台灣人對日本料理的喜好迅速延燒，也吸引不少日本業者前來展店。

在日本，如果太晚回家的話，不難在夜色中突然看到街邊出現的明亮店面，從透明的玻璃向店裡望去，會看到一個又一個並排而坐、背對街道的客人，正在埋頭專心的扒著一大碗丼飯。這種國民美食店也在台灣越來越普遍，這二、三十年來，「吉野家」、「すき家」（Sukiya）的連鎖店一家接一家開，除了跟台灣人的口味偏好有關係，防疫期間外帶也很方便，更加速了它們的蓬勃發展。

牛鍋與壽喜燒變成牛丼

我依稀記得，二〇一四年七月三日，日本牛丼連鎖店すき家的台灣一號店在古亭捷運站附近開幕的情形：從試營運到正式開幕後的那段日子，每天早上九點開門前，店門口就已經排滿一望無際的人龍，不但各大媒體爭相報導，各美食部落客更是傾巢而出。不但平均排隊時間要一個小時左右，還因為供不應求，不得不規定外帶限購五碗。

一時之間，讓一九八七年就進軍台北館前路開設首家分店、原本是台灣人心目中牛丼代名詞的吉野家變得黯淡無光。試營運期間的すき家營業時間為早上九點到晚上十點，賣完為止；正式開幕之後改為二十四小時營業。

我一方面心想這股熱潮必然很快散去，二來隨著すき家勢必在台北開更多分店，所以覺得就算要吃也不急著這一時半刻。結果，すき家在台北南陽街的二號店於次年六月開幕，三號店、四號店則分別開在捷運信義安和站與芝山站附近。直至二〇二一年五月為止，すき家在全台已經開了五十三間分店，並朝著一百間分店的目標進行著。

すき家的創業者小川賢太郎，原本是吉野家的員工。一九八二年七月，他在橫濱市鶴見區的京急本線生麥車站前，開了一間叫「午餐飯盒」的外帶便當店。同年十一月，以牛丼型態營運的すき家一號店正式開幕。橫濱是日本在開國之後，讓食用牛肉文化最早普及的地方。關東的壽喜燒誕生於一八六二年經營「牛鍋」的「伊勢熊」，與

すき家同樣都是在橫濱創立。因此小川賢太郎便取「壽喜燒」（すき焼き / sukiyaki）的「壽喜」二字，將店取名為すき家。

雖然，這種由牛鍋與壽喜燒所演變而來的國民美食，台灣要到一九八七年吉野家進軍後才普及起來。但說到壽喜燒這種在明治時代象徵著「文明開化」與「自由平等」的洋食，其實早在日本殖民台灣的時代，就已經在台北車站附近的鐵道旅館中出現了。

由於牛丼的備料簡單，作法又容易，鋤燒（也就是俗稱的壽喜燒）這種只要將油、砂糖、蔥、豆腐和牛肉炒在一起就可以吃的食物，成了當時共食的好選擇。新竹仕紳黃旺成在日記中就記錄：

「『晝受春木招待於馥香居吃スキ焼三人分 各飯一盤 所費不過二円（元）飯很便宜』。就連較為單價較高的鐵道旅館（鐵道ホテル）餐廳，每個人每次的費用不過也才一．四元。對於當時西洋料理一人要價三元而言，鋤燒的價位實在親切許多。」

吉野家、すき家、松屋各有特色

日本有吉野家、すき家、松屋三大牛丼連鎖店，隨時隨地填飽著日本人的胃，被稱為「牛丼御三家」。一八九九年創立的吉野家，受到西方以麥當勞為代表的快餐業的啟發，最早開始開展連鎖店，一九七五年就在美國開了第一家國外分店。至於與吉野家、すき家並列、一九六八年開設於東京都練馬區的「松屋」，則是遲至二〇一八年九月，才在台北新光三越南西店開了全台灣第一間分店，二〇一九年在西門町開設二號店後，又分別開了芝山店與行天宮店；可惜第一間分店因為租約到期，在二〇二一年結束營業。

在我們繼續探索牛丼的歷史與文化前，先以日本的普通碗牛丼（牛丼[並]）評比一下這三家連鎖牛丼店。

	すき家	吉野家	松屋
平均價格	350 円	352 円	380 円
分量	重 385g，其中肉 85g、洋蔥 14g、飯 286g	重 322g，其中肉 58g、洋蔥 17g、飯 243g	重 344g，其中肉 60g、洋蔥 31g、飯 253g
牛肉	瘦肉比例最高	肉片最小，但切法吃起來最嫩，牛肉味也更為凝縮	肥肉部分比例較高，肉片也比較大
洋蔥	切得最薄，醬汁也最濃，兩者的結合最夠味	醬汁最淡，洋蔥本身的甜味也最為突出	切得最厚，吃起來略帶脆感
米飯	最有彈性	煮得最軟	軟硬居中
紅薑	紅薑的酸味最強，咬起來最脆	紅薑咬起來最軟，略有苦味	
七味粉	辛口	辣味溫和，帶著青海苔與陳皮的香氣	用黑芝麻，不像前兩家是加白芝麻，而且又加了芥子，所以味道較苦，但芝麻香氣最為明顯

資料來源：古屋敦史，《【すき家・吉野家・松屋】各チェーンの牛丼、食べ比べてみた！》，2021

不過，由於牛丼御三家的台灣分店都有把醬汁味道調淡，所以重口味的我在牛丼打上生雞蛋後，都還得再補淋一些醬油。

什麼是「丼」？

日本的五大丼——豬排丼、天丼、鰻魚丼、親子丼、牛丼——當中，口味最重、也最為庶民的丼，就是牛丼了。最高級的是鰻魚丼，最早誕生於十九世紀初文化年間（一八〇四～一八一八）。

丼的中文唸做「ㄉㄢˇ」，意思是投物入井的聲音；另外一個唸法為「ㄐㄧㄥˇ」，是井的異體字。不過，日語「丼鉢」（どんぶりばち/donburibachi）或「丼」（どんぶり / donburi）指的都是深且盛裝食物的大碗，在台灣，我們多半習慣把這個字唸成日語發音的「ㄉㄨㄥˋ」，因而出現「丼飯」（ㄉㄨㄥˋㄈㄢˋ）這種約定俗成的稱呼。正式中文應該翻譯為「蓋飯」，日文則為丼物（どんぶりもの/

donburimono），類似室町時代上流階級流行在飯上放蔬菜和魚，再澆上味噌湯的「芳飯」（ほうはん／houhan）。

以二〇二〇年的統計來看，日本三大牛丼連鎖店的日本總店舖數為四三五一家，其中以すき家的店數最多，共一九四三間；吉野家居次，一二一三間；松屋則是一一九五間。同年，麥當勞在日本的店舖數則為兩千九百間，說牛丼店是日本速食的龍頭，實在是不為過。

然而，這個排名並非一成不變。以總店舖數來說，二〇〇六年一月時，吉野家最多，松屋居次，再來才是すき家。不過，到了二〇〇六年的六月，すき家的店舖數超越了松屋，排名第二。二〇〇八年九月，すき家的店舖數正式超過吉野家，成為日本店舖最多的牛丼連鎖店。

天武天皇的肉食禁令

日本在天武四年（六七五年五月十九日）時，天武天皇下令不得食用牛、馬、犬、猿、雞等肉類。後來在養二年（七一八年），又制定禁止宰殺牛馬的律令。

但是，從公元六七五年到近代的歷史中，日本並非真的到了明治維新才開始吃牛肉。受到十六世紀來到日本的南蠻人（葡萄牙人）影響，就連豐臣秀吉都在當時吃了牛肉。當時，來到日本的葡萄牙耶穌會教士路易斯・弗洛伊斯（Luis Frois），於一五八四年完成《日本史》（*Historia de Iapam* / フロイス日本史）一書，是最早西方人了解日本的第一手資料，其中就記載當時日本人開始吃他們原本十分厭惡的牛肉，不但豐臣秀吉喜歡，在京都，吃牛肉也流傳甚廣。然而，這種情形卻沒有持續太久。豐臣秀吉於一五八七年頒布《伴天連追放令》，進止外國傳教士在日本傳教之後，牛馬的買賣、宰殺與食用，也再度被全面禁止。

這個禁牛的方針，也被後來的江戶幕府所繼承。慶長十七年（一六一二），二代將軍秀忠所頒布的五條禁令中，第一條就是禁止牛的宰殺和販賣。不過在江戶時代，除了五代將軍綱吉的《生類憐憫令》的〈捨牛馬之禁止令〉是真正為了保護牛馬外，其實宰殺與販賣牛隻的禁令，背後更大的原因是基於懷疑老百姓仍然祕密信奉天主教。像是寬永十七年（一六四〇）的時候，江戶四谷宿的一處民宅，就因為被發現有牛角，查出有偷食牛肉的行為，而被認定有與天主教勾結的嫌疑。結果，住在這裡的九名老百姓全都因此鋃鐺入獄。

因此，我們對日本人在明治維新前不吃牛肉的普遍認知，其實不完全正確。事實上，在日本開國與文明開化的四十年前，彥根藩與對馬藩分別就開始公開販售其味噌漬與鹽漬牛肉了。

中川嘉兵衛是牛肉普及的先驅

幕府在安政元年（一八五四）與美國締結《日米和親條約》，宣告日本兩百多年以來的鎖國時代結束。安政五年六月，又與美國簽訂《日米修好通商條約》。同年九月，與荷蘭、俄羅斯、英國、法國簽訂通商條約，並於安政六年開了橫濱、長崎與箱館（函館）三港，開始與這五個國家自由貿易。

開港之後，由於來到日本的歐洲人士暴增，其以肉食為主的飲食文化也開始在日本傳開來。這些歐美國家肉食文化的中心，正是牛肉。而在日本，讓牛肉普及的先驅，則是中川嘉兵衛。

文化十四年（一八一七）出生的中川嘉兵衛，立志要和外國人做生意，也因此學習了外語。橫濱開港後，他認為日後牛奶的需求必定會大幅增加，因此在橫濱設立了榨乳場。只不過生意才剛起步，他的榨乳場就遇到火災，養的兩頭乳牛也都被燒死了。不過中川嘉兵衛並不氣餒，很快的重振旗鼓，改賣起麵包、餅乾等食品。在其食品店的生意穩定後，他又將目光投向牛肉，在高輪開了牛肉店。當時的《萬國新聞紙》慶應三年六月中旬號中，便刊登了「高輪英吉利館波戶場側中川屋出店」的開店廣告。

中川不但將牛肉描述為可以讓身體虛弱或是生病的人吃了之後體力倍增的食物，更是日本第一個將牛肉以圖解的方式，介紹各個部位、等級、以及最適合料理方式的人。此外，他後來還將店面開在東京港區的英國與其他大使館附近。這樣的開店策略，讓中川的生意得到了空前的成功。他也在明治元年（一八六八）開設東京的第一間牛鍋店「中川屋」。

幕末，江戶出現不少賣山豬肉、鹿肉、鬥雞肉的獸肉鍋店。當牛的屠宰與流通管道都增加之後，牛肉就取代原本獸肉鍋料理中的各種肉品，牛鍋店也就應運而生了。

牛鍋店依照牛肉等級分上、中、下三等

不過，和現在不一樣的是，當時的牛鍋店會依照牛肉的等級分為上、中、下三等，而不是像現在一樣，可以在同一間店點到不同等級的肉品。服部誠一在明治七年的《東京新繁昌記》中寫到牛肉店時，就描述上等的牛肉店，會把牛肉二字寫在招牌的旗子上；寫在屋簷紙燈上的，是中等牛肉店；下等的，則是寫在窗框上。市民根據自己的身分和預算，來選擇牛鍋店。除了等級的分類外，又以調味方式分成醬油口味的燒鍋（壽喜燒）與味噌口味的並鍋（牛肉鍋）。

同一時期，使用牛鍋店不用的雜肉來做成便宜燉牛肉的屋台（路邊攤），也出現在東京路邊，其價格為牛鍋的十分之一以下，成了體力勞動者珍貴的精力來源。這些牛鍋屋和賣燉牛肉的屋台，都會提供白飯，將牛鍋或燉牛肉放到白飯上，就成了牛丼。牛丼就是在牛鍋與燉牛肉變得越來越普及的情況下誕生的，不過當時多稱之為「牛

飯」，甚至被稱為「開化丼」。

至於會使用「丼」這個漢字，則是由於它既為形聲，又可會意。一方面，因為投物入井的聲音在日文的擬聲為「ドボン」（dobon）或「ドブン」（dobun），很像是「どんぶり」（donburi）；另一方面，則是呈現出不斷將米飯投入深碗之中的豪邁意象。

明治三十二年（一八九九），松田榮吉在當時日本橋魚河岸開了牛丼連鎖店吉野家的前身「吉野屋」。其店名叫吉野，是因為松田出身自大阪吉野町。也就是這間吉野屋，最早開始將牛飯稱為「牛丼」。

關東大地震帶來第一波牛丼熱潮

大正十二年（一九二三）九月一日發生的關東大地震，使得東京變成一片焦土。在當時滿目瘡痍、處處災民的東京，屋台成了解決災民們溫飽的少數選擇之一。在地震三個月後的十二月十日《讀賣新聞》上，甚至出現「全天下都在吃牛丼」這樣的標題。在這篇報導中，《讀賣新聞》將牛丼描述為大地震後天下唯一的美食，從日比谷、丸之內到芝，賣一碗五錢到十五錢不等的牛丼屋，有高達一千五百〜一千六百間之多，連原先所謂的上流階級，願意吃這種多為勞動階級裹腹的食物的比例也遽增。位於日比谷的「幸樂」，當時一碗牛丼賣到二十五錢，一天也能賣到三千碗之多。雖然牛丼之名與作法，在大正六年所出版的《家庭日本料理法》中就已經出現了，但牛丼之名的普及，正是在《讀賣新聞》的這篇報導之後。

至於牛丼中必須用到的洋蔥，由於果菜市場復原得較慢，等九月十五日陸續開市之後才能取得。但其中最難取得的還是米，雖然可以由鄰近的千葉縣購買，但其用量若是要填飽全東京人的肚子還差得遠。於是，日本政府於九月九日從大阪調了政府儲存的三萬六千俵米送往災區，十日又運來了八萬三千五百俵，十二日三萬三千俵，這才解決災區對米的燃眉之急，也讓牛丼屋具備製作牛丼所需的所有原料，從而造成日本的第一波牛丼熱潮。日本自幕末開國開始食用牛肉，至此因為關東大地震，牛丼一躍成為東京民眾最日常的飲食。

一九五九年，吉野家開了築地一號店之後，すき家與松屋等牛丼店也以連鎖店的型態不斷展店，開啟了第二波牛丼風潮，也使得牛丼逐漸成為日本人的國民美食。

親子丼的誘惑

除了牛丼，親子丼也是一般人喜歡的國民美食。明治初年，東京就有許多軍雞鍋店賣這種加了蛋液的蓋飯。然而，以前的日本不但視吃雞肉和雞蛋為禁忌，後來就算是開放食用了，兩者在做為食材上，還有著等級高下之分。究竟是什麼時候，因為什麼契機，使得兩者結合在一起，並成為一道在日本大受歡迎的平民美食？讓我們從日本食用雞肉與雞蛋的源頭來探討。

日本天武天皇於天武四年發出禁食牛、馬、犬、猿、雞的禁令。在這個禁令中，要讓大家不吃雞肉格外的困難。因此，在元正天皇養老五年（七二一）時，更進一步的追加禁止民眾飼養豬和雞的法令，規定全國原本有飼養雞和豬的人家，都必須將牠們原地放生。

既然天皇都下詔了，日本就不可以再養雞了嗎？事實上，和許多最早開始飼養雞隻的國家一樣，雞最早的功用是為了報時，因此只要是為了報時這個目的，養雞還是被允許的。

到了鎌倉時代末期，雉雞被公認為最珍貴的鳥，尤其是被老鷹捕捉到的雉雞，還有「鷹之鳥」的稱呼，被視為最高級食材。不過，到了織田信長和豐臣秀吉掌權的時代，鶴則變得最為貴重。《日本教會史》就提到在當時茶會的菜單中，日本人認為打獵所獵到的鳥最貴重的是鶴，其次是天鵝，第三為野鴨。這種觀念一直持續到江戶時代。

雞蛋珍貴的時代

雖然在天武天皇的肉食禁令中，雞蛋不像雞肉一樣被列為禁止的對象，但是，吃雞蛋仍被視為一種禁忌。弘仁年間（八一〇～八二四）出版的佛教語錄《日本靈異》中就警告，如果將「雞之子」煮食的話，死後就會墮入灰河地獄。此外，在弘安六年（一二八三）無住和尚的《沙石集》中，則記載著一名尾張女子因為餵自己的小孩許多「雞之子」，結果兩個孩子都遭受報應死掉的故事。

這些根據佛教戒殺生而產生的故事，都警告世人吃雞蛋所帶來的惡報。在這樣的氛圍之下，大家自然對吃雞蛋這件事敬而遠之。

話雖如此，還是有人忍不住破戒吃了雞蛋。像在《古事談》中，就記載有人邊賞花邊吃雞蛋。無往和尚也寫過一個小和尚破戒吃雞蛋的笑話：小和尚把雞蛋藏起來，對老和尚謊稱是醃茄子，然後煮來吃了。老和尚明明知道，但並沒有當場戳破小和尚的謊言，直到雞鳴之時，才和小和尚說，茄子的母親在叫了，你聽到了嗎？

這個故事告訴我們，連僧侶都抗拒不了雞蛋的誘惑，更何況是一般人呢！

還好，對雞蛋的禁忌並沒有如同其他肉食的禁忌持續那麼久。到了室町時代，雞蛋就被當做食物來分類了。在室町中期，紀錄了當時各種生活的《尺素往來》一書中，關於巡役的早餐，將其分為「四足」、「二足」與「魚類」三大類。其中的二足，就是當時所有可以吃的野鳥，其中「卵子」也列於其中。同時期的《文明本節用集》中，則把雞列在動物的「氣形門」，「雞卵」列於「飲食門」。可見在當時，吃雞蛋已經不是一個禁忌了。

但是，就算吃雞蛋不再是禁忌，卻也不到人人都愛吃的地步。很快的到了十六世紀，歐洲人來日後，日本人的飲食習慣又有了顯著的變化。一五六三年來到日本、曾與織田信長會面的葡萄牙傳教士路易士·佛洛伊斯（Luís Fróis），曾記載原本日本人很嫌惡牛肉或雞蛋料理，不過豐臣秀吉卻很喜歡，因此當時吃牛肉與雞蛋的習慣就漸漸普及開來。

不過，由於後來豐臣秀吉又下令禁止屠牛，而且這個禁令又延續到了江戶時期，因此日本人食用牛肉只是曇花一現的風潮。但，雞肉卻不同。吃雞肉的習慣在江戶時代已然開始，甚至還出現了教大家烹調雞肉和雞蛋的料理書。

雞蛋料理在日本歷史上風光登場，要在江戶幕府第三代將軍德川家光的時代。寬永三年（一六二六）九月六日，日本第一〇八代天皇後水尾到京都二条城視察，第三代將軍德川家光與其父秀忠親自接待。當時一道名叫「鬆軟蛋」（玉子フワフワ）的料理深受天皇喜愛。

值得注意的是，在此之前，雞蛋的日本漢字都寫為「雞卵」，這道菜卻寫做「玉子」。由於這是一道承載了德川幕府的威信來招待天皇的菜，因此「雞卵」這個寫法從此被「玉子」取代，當時的菜單也成了日本最早將雞蛋表記為玉子的紀錄。在寬永二十年（一六四三）出版的江戶時代料理書《料理物語》中，也是以「玉子」兩字表記。在這本料理書中，總共記載了四種雞肉、七種雞蛋的烹調方式。

但是江戶時期的養雞業，卻因為當時的雞產卵量太少，一直發展不起來。由於雞蛋太少，當時的雞蛋交易必須要透過指定的「御用玉子問屋二十七軒」。所謂的問屋，指的就是批發商，只有這些被指定的問屋擁有直接和生產者購買雞蛋的特權。此外，它們也有將雞蛋上繳幕府的義務。然而，由於不透過問屋、直接和生產者偷買雞蛋的行為越來越猖獗，這個制度到了後來根本形同虛設，到了文政二年（一八一九）就正式廢止了。自此之後，自由買賣雞蛋的玉子問屋開始增加。到了天保九年（一八三八），即使雞蛋的流通量仍然不多，但在江戶的雞蛋問屋則已增加到五十七家。

量少自是價高。根據紀錄，從江戶中期的延享五年（一七四八）到寶曆二年（一七五三）之間，雞蛋一個的價格為八～十五文錢。當時的一文錢約相當於現在的十三円；如此推算，當時雞蛋的價格是在一〇四円～一九五円之間——這還只是一顆雞蛋的單價。根據《守貞謾稿》的記載，當時的蕎麥冷麵一份為十六文，加了蛋花的竟然貴了一倍，要三十二文錢！握壽司也是，包括車蝦、白魚、鮪魚、小肌、星鰻等握壽司都是一貫八文，但一個玉子卷則是十六文，也是貴了一倍。這樣的物價，實在不利於幕末誕生像親子丼這樣的庶民食物。

雞蛋與雞肉的階級差異

日本從室町時代開始，分為公家與武家的社會，就連食材也有上下階級之分。魚的階級比鳥類高，河魚的階級又比海魚高。不管是公家或武家社會，鯉魚都被視為最高級的魚，鳥類的話則以鶴的位階最高。

此外，雞蛋的地位也比雞肉要來得高。會有這樣的地位差異，是因為雞與羚羊、兔子等，都被江戶幕府歸入四足之穢物，明訂在參拜神社前五日不得食用。雞蛋由於和魚被歸於同類，因此與雞肉有著差別待遇。話雖如此，在江戶時代，雞肉與雞蛋這種組合的料理也不算少。像是記載了一〇三道雞蛋料理的《玉子百珍》中，就有一道菜是用雞肉和雞蛋一起做成的茶碗蒸，名曰「冬蔥蒸蛋」。在《守貞謾稿》中，則是記載蕎麥屋的菜單上有「親子南蠻」這個品項；不過，雖說「親子」，卻是鴨肉加上雞蛋，並不算是真的親子，這是因為比起雞肉，鴨肉在江戶時代要受歡迎多了。

也就是說，直到江戶時代結束前，不管在產量、價格，或是地位差異上，都不利於真正親子丼的誕生。然而，把雞肉和雞蛋蓋澆淋在飯上的這種作法，也許就是從將鴨肉加雞蛋、澆上蕎麥麵的親子南蠻所聯想出來的。

到了幕末，隨著幕府的開國政策造成牛肉的普及，雞肉的消費量也隨之增加，養雞業因而興起。根據大正十四年出版的《實用養雞百科全書》記載，日本最早從國外輸入的雞，是由荷蘭商船所帶來的波蘭雞。後來到了明治十年，才又從國外引進黑色的米諾克雞（Minorca）和白臉黑身的西班牙雞。前者當時被稱為「耳白」，後者則是「顏白」。明治十八、十九年的時候，隨著養雞業日漸盛行，又引進了婆羅門雞、九斤黃等多種品種。

隨著養雞戶的增加，雞蛋的生產量自然也增加了。在明治三十九年的統計中，共產五億九千三百個雞蛋，平均一人一年的消費量為十二・三個。除此之外，還會從中國進口雞蛋。明治維新後，不只「四民平等」，雞蛋與雞肉的階級也逐漸消解，進而為親子丼的誕生搭置了舞台。

黑澤明的恩師、一九〇二年出生的電影導演山本嘉次郎，在晚年寫的飲食隨筆《親子丼考》（親子どんぶり考）中，聲稱親子丼是他父親發明的，不過由於沒有其他的資料，實在很難斷定其真偽。不過，親子丼之名，最早出現於明治十七年九月六日的《大阪朝日新聞》上，是神戶元町「江戶幸」所登的廣告。此外，由明治活躍到昭和的知名記者鶯亭金井，則留下他在明治二十四年住在下谷不忍池畔時，與妻子和孩子一起吃天丼、親子丼與上等鰻丼的紀錄。到了大正十一年，三越食堂也開始販賣親子丼了，價格為五十錢，而鰻魚飯則是一円。

隨著親子丼於明治末期的普及，洋食店、蕎麥麵店、百貨公司以及大眾食堂也陸續賣起了親子丼。像是昭和六年，一間位於淺草的大眾食堂裡，拉麵和咖哩飯為十錢，壽司一份二十錢，而親子丼則要價三十錢。

美上加美的鰻魚蓋飯

鰻魚蓋飯有二美：一美為揭開蓋子那一瞬間香味撲鼻的熱氣；另一美，則是蒲燒鰻魚、醬汁與熱騰騰的白飯融為一體。

日本的鰻魚養殖始於明治十二年（一八七九）的服部倉次郎，在東京深川的千田新田。明治十九年，又在滋賀縣養殖成功。到了大正年間，愛知縣成了日本最大的鰻魚生產地，靜岡縣後來居上。進入昭和年代之後，養殖鰻的數量遠超過野生鰻，從而帶來鰻丼的大眾化，一般民眾也可以用平實的價格吃到鰻丼，就連百貨公司的大眾食堂也開始賣起了鰻魚飯，當時一份的價格約為一錢。

被日本殖民長達五十年的台灣，對於鰻魚飯的喜愛也不亞於日本人，不但一般日本料理餐廳的菜單上少不了鰻魚飯，鰻魚飯的專賣店更是多不勝數。在台北市，鰻魚飯專賣店最密集的區域就在林森北路的條通。

位於林森北路七條通、開業已五十多年的「肥前屋」，對許多台北人而言，不但是鰻魚飯的啟蒙，只要一提到鰻魚飯，就會自動反射出這家店名。出生於日本長崎的店主町田世文，父親是移民日本的台灣人，母親是日本人。他在十九歲的時候，決定留在台灣，以自己家鄉長崎的古名「肥前」為名，在日本人經常聚集的林森北路一帶開了這間日本料理小店。

當年，町田因為採購量小而買不到好鰻魚，因緣際會找上了宜蘭養鰻大戶和貿易商，這個貿易商就是後來成了町田的女友兼肥前屋店長的林秀英的父親。肥前屋因為鰻魚飯而在台北成了排隊名店，每到用餐時間總大排長龍。不過，我去肥前屋倒是很少點鰻魚飯，我比較喜歡把它當成輕鬆的日本大眾食堂：先點份生魚片配啤酒，然後點個冷奴，烤條魚或烤條透抽，再加份蛋捲，邊就著白飯邊配上兩支清酒。它們家的燒肉定食也好吃，是大口扒飯的好選擇。

濱松屋為現殺活鰻

要是特意想吃鰻魚飯，我則多去也位在七條通、但是往新生北路那頭的「濱松屋」（浜松や）。創業於一九九五年的濱松屋，之所以取這個店名，是因為日本靜岡縣濱松市的濱名湖是日本知名的鰻魚產地，濱松屋老闆村松雅一先生的家族便是在當地從事鰻魚養殖與貿易。

曾得到二〇一八台北米其林必比登推薦的濱松屋使用現殺活鰻，等級是台灣產、專門出口給日本的「四匹」日本白鰻。所謂四匹，指的是四隻鰻魚，一隻鰻魚大約是二五〇公克，剛好是鋪滿整碗的分量。其四吃的吃法一份為一千元，先把鰻魚連底下的飯均分成四份：第一份放入空碗中直接品嚐；第二份則依個人喜好加上包括蔥花、芝麻、山葵與海苔絲等「藥味」一同享用；第三份拌上嫩滑溫泉蛋；最後一份再淋上高湯做成鰻魚茶泡飯。

靠近長安東路和天津街口的「京都屋」，也是我曾經很常拜訪的鰻魚飯屋。用「曾經」二字，是因為該店已於二〇一九年停業。這間店的老闆劉崇業從祖父開始，就從事鰻魚的養殖工作。最早曾在雲林口湖、彰化王功等地養殖鰻魚，後來隨著土地老化，劉家放棄養殖魚業，改做鰻魚出口及冷凍鰻片。直至二〇〇三年前後，政府一度想推廣鰻魚節活動，當時劉崇業和父親開設了示範店面推廣鰻魚，但是最後鰻魚節活動卻不了了之。不過，京都屋卻因此一炮而紅，成為台北市的鰻魚料理名店。

來自名古屋市三河地區的中川浩希主廚所開的「三河中川屋」，則是一間關西風的現殺活鰻的鰻魚飯屋，使用的是台灣雲嘉南地區的鰻魚。在新鮮鰻魚送到餐廳後，會先放置桶中以十六～十七度的活水循環下去飼養，讓鰻魚保持在雖然活動力降低，但還是有生命力的狀態。到了要準備料理前，才會將鰻魚移到冰桶上方，讓鰻魚的活動力更低，在客人上門後現點現殺。

近年來，隨著台灣人對日本料理的喜好迅速延燒，也吸引了不少日本的鰻魚飯老店來台開設分店。像是二〇一七年在台北開設的「魚庄」和「小倉屋」，前者來自埼玉縣蓮田市，創業於日本明治十六年（一八八三）；後者是來自日本北九州小倉百年鰻魚料理名店「田舍庵」的首家海外分店。

蒲燒鰻魚、醬汁與白飯融為一體

根據《俗事百工起源》一書的記載，日本江戶時期文化年間（一八〇四～一八一八），在現在東京人形町的堺町，有個叫大久保今助的劇場贊助商非常愛吃蒲燒鰻魚。當時的蒲燒鰻魚多是小販挑著擔子沿街叫賣，因為他很愛吃，所以每天都派佣人去買，但是每次買回來卻都冷掉了。他必須顧劇場，所以沒辦法吃到現烤的，左思右想，終於想到一個讓他可以吃到溫熱蒲燒鰻魚的方法：那就是叫佣人帶著盛有熱飯的碗公去買，然後把蒲燒鰻魚放在熱飯上。如此一來，不但米飯的熱度可以保持蒲燒鰻魚的溫熱，蒲燒醬汁在回程途中滲入飯裡，讓飯吃起來更加美味。

然而，大久保今助的鰻魚飯中，蒲燒鰻並非和我們今天所看到的鰻魚飯一樣，是把蒲燒鰻直接放在飯上，而是和飯交疊在一起的。享和二年（一八〇二）的《名飯部類》中就記載：「**鰻魚飯：鰻魚與平**

常一樣蒲燒，把熱騰騰的米飯和鰻魚層層疊疊放入飯盒收好，蓋上蓋子，之後食用。」

其實，將蒲燒鰻夾在熱騰騰的飯裡保溫，這個作法老早就有人想到了，只是大久保今助實在太愛吃鰻魚了，愛吃到據說是每餐必吃。也因此，他把飯和鰻魚一起放在大碗裡、蓋上蓋子保溫的作法，才會引發眾人仿效，從而催生了鰻魚蓋飯。

鰻魚飯的確是從蒲燒鰻催生出來的，一開始人們吃蒲燒鰻配的不是飯，而是酒，它被當做是一種下酒菜。人們會去煮賣屋[5]和居酒屋邊喝酒邊吃知名的江戶前大蒲燒鰻。不過，這樣對不喝酒的人來說就很痛苦了，總是聞得到但吃不到。在大眾的渴望、再加上土用丑日成為鰻魚日的推波助瀾下，蒲燒鰻魚店開始推出鰻魚丼的前身——附飯（付けめし），也就是蒲燒鰻魚配米飯食用。為了有別於當時的蒲燒

---

5 以提供燉菜為主的「煮賣屋」，是江戶庶民餐飲店的起源。

鰻魚是下酒菜，店家為了宣傳，都必須在招牌上特別註明「附飯」。

由於提供了附飯的服務，自此之後，蒲燒鰻店也吸引包括女人和小孩這些不會喝酒的客群，生意蒸蒸日上。當時的蒲燒鰻魚是連竹籤一起放在盤子裡端給客人，飯桶與盛裝蒲燒鰻魚的盤子則是放在一個方型托盤，直接放在榻榻米上。店家的門口豎著個「大蒲燒鰻」的招牌，而且就在門口烤鰻魚，客人則被安排在二樓用餐。蒲燒鰻店開始附飯後，數量與需求量爆增，才開啟鰻魚蓋飯的時代。

14

無菜單壽司
為什麼越賣越貴

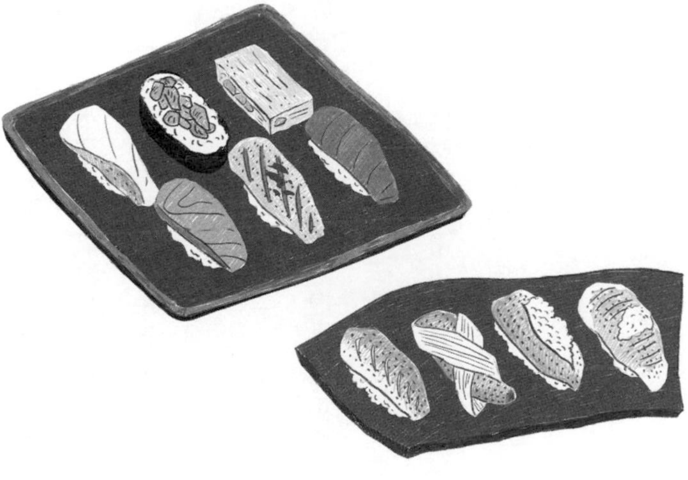

這幾年來，台灣人特別喜歡吃握壽司。有很多日本人直接來台開的壽司店，一口氣把台北的江戶前壽司水準拉到東京的程度。

這幾年來，台灣人特別喜歡吃握壽司，壽司店一家一家開，價錢動輒兩、三千元以上，許多人還是趨之若鶩。有很多日本人直接來台開的壽司店，他們把台北的江戶前壽司水準一口氣拉到東京的程度。像是我很喜歡的「野村壽司」（のむら），二〇一八年就被選入米其林指南的一星餐廳，三年來還延續著這個水準。

另外，也有較平價提供壽司的餐廳，像是「旨樂」。不過，旨樂的阿哲師傅卻感嘆，有許多消費者認為定價低，所提供就是劣質商品，有著便宜沒好貨的這種迷思。其實旨樂的作法是「優先創造價值，不以營利為優先考量」，一邊挑選食材，一邊決定一個能夠「平衡的售價」，也就是可負擔價格與高品質的一個平衡點。

米其林一星的野村壽司

在台北的野村壽司已經有十多年的歷史，我和野村裕二師傅認識也十年以上了。他二〇〇七年剛來台北工作的時候，我就認識他了；他獨立開店之後，我也一直是他的忠實顧客。在此之前，我在台北吃過的壽司，都讓我無法再去吃第二次，變得想吃壽司就只能等寒暑假再去東京吃，往往一天就有兩餐在吃壽司。

直到他來了。

出生於東京都品川區的野村裕二先生從小就很喜歡料理，所以很早就把「料理人」當做未來的志向。至於會朝壽司之路前進，則是在高二的時候。他最早開始工作的地方，是丸之內辦公大樓區裡的壽司店。當時的日本還在泡沫經濟的後半期，景氣非常好，辦公大樓區的壽司店要準備的食材量很大，光是午餐的卷物就要做一五〇卷。不過，他覺得這是一個非常寶貴的經驗。

當時他如果休假，就會到處尋覓一間又一間的壽司店。就在那個時候，他在橫濱發現一間與眾不同的壽司店，不管在魚的選擇和處理上，都要求非常高。這時，他變得想在這種高級壽司屋學習並且工作。不過，年輕學徒的薪水不高，所以他另外要到魚市場打工，順便培養自己辨識魚類的能力。就在這個時候，他遇到一位改變他一生的貴人。

在每天早上都來市場買魚的客人之中，有一位非常優雅的客人，只要覺得是好魚，連價錢都不問就會買。這位客人，就是後來帶野村師傅進入現在位於東京世田谷區的江戶前壽司名店「鮨 逸喜優」修業並指導他的師傅——細川先生。也因為這樣的緣分，讓野村師傅在二〇〇七年時來到了台北，擔任師兄荻原先生所經營的壽司店「野壽司」的店長。後來，他才自己出來獨立開店。

當他的店在二〇一八年首次被選入米其林指南的一星餐廳後，我曾問過他，店裡有沒有什麼改變？他直接了當的告訴我，購入的魚貨改變了。他說，雖然想提供給客人真正好的、有價值的東西，這種想法從未改變過，但得到一星後，因為不斷的有客人上門，和以前比起來更能夠大膽的進貨。

那麼，在野村師傅眼中，江戶前壽司是什麼呢？他說，江戶前壽司的起源，是以前江戶近海所捕獲的魚，在保存與運輸技術都還不完備的時代，用醋、鹽、昆布來醃，再用醬油燉煮等加工方式來處理，其實是當時的速食。雖然說現在不管是運輸或保存方式都日新又新，日本全國從北到南的魚也都能盡情使用，但要真說到真正的江戶前壽司，還是**要經過像是醃、燉煮這些人為處理過程的**。

舍利占七分、食材占三分

在米、水、以及食材的選擇上，決定壽司味道是「舍利[6]占七分、食材占三分」，也就是**米飯的重要性占了非常大的比例**。野村壽司所使用的米，是和生產者直接購買、減農藥栽培的越光米品種，水

6 指握壽司底下的醋飯。

的溫度也被嚴格控管。這種米的顆粒比較小，和舍利醋混合在一起，能夠充分感受到米的甜味。此外，還混用了米粒不易崩裂、色澤也好、吃起來味道清爽的北海道七星米。這是因為舍利不能用黏性大且味道太香的米來做，要選擇黏性較小、略硬而口感滑順的米。顆粒也越小越好，而且要帶有脂肪的硬質米。為了能夠與壽司醋相合，不傾向使用水分多、黏性大的米來做壽司飯。

被長期保存的米粒，煮了之後不但會有古米獨特的臭味，也會變得比較硬、口感不好，這與米中所含的脂肪變化有著很大的關係。因此他店裡所進的米，都是未精米的狀態，然後每週進行精米。如此一來，才能夠持續提供品質穩定的舍利。不過，由於新米還是黏性太大，所以必須在米專用的冰箱保存三個月左右，大概到冬天的時候才開始改換這一年的新米。

野村師傅所使用的醋飯，會使用白醋與赤醋兩種醋，在醋飯與餡種的選擇和搭配上，白舍利主要搭配口味相合的清爽白身魚、貝類和烏賊等；赤舍利則是多與像是鮪魚腹肉、金目鯛、昆布醃漬及醋醃的食材相合。不過他也強調，以店家來說，堅持全部只用白醋或赤醋一種舍利，其實也完全沒有錯。他之所以使用兩種不同的舍利，是為了想讓客人能夠享用到各種不同的口味。

日本美食家北大路魯山人認為，一間壽司店鮪魚的品質好壞，直接影響了那間店的檔次。野村師傅也覺得的確是這樣。他認為，如果壽司屋從鮪魚商進鮪魚，店裡的客人需要付三萬円的話，那麼選用的鮪魚價格也得是一公斤三萬円才能讓人信服。不過由於人在台北，不是那麼容易能從豐洲直接進貨，因此需要的是長期以來關係良好、而且可以信賴的仲介，交給他來選貨，然後拿到商品的樣貨後，再根據自己的心得往復選貨，最後購買自己滿意的鮪魚。

近年來流行「熟成壽司」，野村師傅認為每一條魚都有牠最適合的熟成時間與最好吃的時刻。要熟成的話，首先與魚的品質有很大的關係。如果是品質不好的魚話，在熟成之前就已經腐敗了。然而，每一種魚都有適合牠的處理方式，包括含水量、溫度上的管理都是必要的。熟成並不是說時間夠長就好，而是要讓魚在達到最好的狀態下引出其美味。熟成壽司由於又會有不同的鮮味，因此野村師傅並不否定它，只是在他想法中，熟成又有那麼一點的不同。

無菜單壽司的趨勢

在點餐方式上，壽司店有「お任せ」（omakase，無菜單、委任給店家）、「お決まり」（okimari，套餐）與「お好み」（okonomi，單點）三種吃法。

「お決まり」是用壽司下駄盛裝做好的一人份壽司，並且分「並」、「上」、「特上」，或是「松」、「竹」、「梅」等分成不同貫數、價格與等級的壽司；「お好み」則是客人隨自己想吃的食材自己來點。不過似乎二十一世紀的壽司店，尤其是高級壽司店，都是以大將替客人決定的「お任せ」為主流。

野村師傅認為一次把壽司全部上完的套餐，是快速型態的食用方式，針對想要快點吃完就買單的客人。單點則是只提供客人想吃的東西，以這種形式而言，餐廳多會將菜單與單品介紹給客人，讓客人按照菜單點菜。但以套餐與單點相比的話，點套餐會比較划算，要是在壽司店以單點的方式點餐，價格就會變得很高。

「お任せ」之所以會成為高級壽司店的主流，除了因為壽司食材會依四季變化而不同外，也因為和以前比起來，壽司的食材種類變得更加豐富，客人會希望盡可能的享用更多不同的食材，所以壽司店得以介紹多一些美味食材給客人。野村師傅因為是在海外經營壽司店，必須依賴日本進口漁貨，萬一庫存的漁貨沒了的話，要立即補貨是很困難的，就曾經發生過因為進貨的時間問題，造成食材缺貨好幾天。如果是以「お任せ」的方式來提供餐點的話，就能夠以庫存的狀況來掌控，讓客人在各種食材都很平衡的狀態下享用。從客人的角度來說，先以「お任せ」的方式來享用店家所推薦的，再追加自己覺得好吃的、或是沒有包含在「お任せ」中但想吃的食材，也是很不錯的一種方式。

像一間酒吧的旨樂

不管是外觀或是內裝，旨樂第一眼都不會讓人覺得是間壽司店。整片的透明落地窗，明亮且充滿現代感的裝潢，以及一身乾淨全黑、笑容可掬的外場服務生，讓人直接反應這根本是一間餐酒吧。然而，這裡所提供的，卻是如假包換的江戶前壽司。這一切是出自老闆黃康銘先生（Vincent），以及他的堂弟、旨樂的板前[7]與靈魂人物黃聖哲師傅（阿哲）。

阿哲師傅從國中畢業，就開始在他母親洗碗的日本料理餐廳打工，當時的他，自然完全不懂自己未來的志向和興趣是什麼。不過，在每天不斷重複的工作中，他看見比昨天更進一步的自己，並且日復一日的找到成就感。這股把一件事情做到最好的動力，開啟了他的壽司之路。

旨樂最大的特點，就是它摒棄傳統壽司店那種高不可攀的氛圍，打造成一個讓人隨時想吃壽司就可以推門入內的氛圍，不用提前幾個月、甚至半年以上就要訂位，隨時可以享用到正統的江戶前壽司。

此外，我最喜歡旨樂的一點，是它們雖然有套餐，但也可以用「お好み」這種想吃什麼就點什麼的老派點餐方式，不受拘束。想一次點個十貫黑鮪魚赤身，或是意猶未盡的只點某個自己喜歡吃的餡種，都沒人攔著你。

旨樂的另外一個特點，在於它們雖然提供正統且美味的握壽司，但與台灣動輒要三、五千起跳的正統壽司店相比，一個客人如果不加

---

7 原本是指放置砧板的調理台，後來引申為在和食專門店工作的職人，也就是日本料理的師傅。

酒錢的話，少則一千出頭，就可以嚐遍當季最好的食材握成的壽司。之所以能做到如此，是因為旨樂先決定了售價，在餐廳可營運的前提下，再回過頭幫客人挑到最佳的漁獲。

旨樂的舍利所用的米，是阿哲師傅這幾年試了許多台灣和日本米之後，選定使用較為飽滿且質地粒粒分明的山形縣輝映米。雖然成本高上許多，但由於舍利是壽司最重要的靈魂，因此是必須的。此外，他使用的是更能夠凸顯魚身鮮味的紅醋，調味上偏鹹、酸，非大部分市面上的壽司帶有甜味，這是因為鹹與酸在味覺上更能夠帶出魚的鮮味。

對我而言，旨樂不只是好吃而且自在的壽司店，更是可以自己一人，或與三五好友能夠輕鬆喝個一、兩杯的地方——當然了，結果都是喝了一、兩瓶。

米其林加持讓江戶前壽司越賣越貴

二〇〇七年所發行的《米其林指南 東京版 二〇〇八》中，有兩間壽司屋被評判為三星，一間是「數寄屋橋次郎」（すきやばし次郎），一間是「鮨 水谷」。這份指南的發表，雖然是以西方人的角度在看，但江戶前壽司瞬間在國際媒體之間一躍成為與法國菜同等高度的料理。

原本多半只吃過西式日本壽司的外國人，對江戶前壽司的興趣大增，紛紛跑到日本來追星，也使得東京的壽司屋預約困難的情形日益嚴重。對那些特意跑到日本吃壽司的西方人而言，還有一個更大的障礙，那就是當時日本的壽司屋別說沒有英文菜單了，大多連日文菜單也沒有。

沒有菜單，和我們之前提到壽司屋傳統單點的方式有關。單點對壽司行家與愛好者來說是最好的選擇。不過，那些不管對海鮮或日文都認識不深的老外，點餐時可就頭大了。因此在當時，外國旅客在東京如果要吃壽司，會請下榻酒店的服務人員代訂，而且還要求壽司店如果沒有會說英文的員工的話，就直接幫他們訂套餐。

二〇一四年，日本前首相安倍晉三招待美國前總統歐巴馬在數寄屋橋次郎享用壽司，讓江戶前壽司在日本、歐美與許多國家的地位水漲船高。大約也在這段期間，對外國客人來說，無菜單壽司的套餐形式已完全定型，並且從銀座開始向各地擴散。不過，無菜單壽司的套餐化有一個先決條件，那就是：以前以「時價」計費的方式，勢必要改為固定的價格。

在以往，壽司屋的套餐以時價來計價，是因為每天購入的漁貨價格都在變動，尤其像是黑鮪魚或是海膽，競標價格的上下幅度更大。以黑鮪大腹為例，一貫的價格隨著市場價格的波動，可能在一千到兩千円之間。還好，當時常去壽司屋的客人也都能理解這一點，因此以時價計算多半不會有爭議。但是，外國客人一旦透過酒店幫忙預約，往往當下就會詢問一人份的價格。在這種情況下，就不太能夠給予「時價」這樣曖昧的答覆了。而且以網路預約的方式也越來越普及，店家為了省得麻煩，也就乾脆開出了幾套清楚的套餐價格。

然而，這又衍生出一個新問題。當高級壽司店開始擁抱那些原本不熟悉壽司而視之為畏途的客人時，卻對那些以前就常吃、並且熟悉壽司的客人造成很大的困擾。當套餐逐漸定型，那種想吃什麼就點什麼、必須對魚料有一定程度認識的傳統單點店卻大幅減少。

至於單點的點餐方式，為什麼不能套餐化的無菜單壽司店一樣，也設定標準的定價就好了呢？

自然是因為店家無法預知時價，所以沒有辦法這麼做。

在套餐化的情況下，準備的鮨種和數量都能夠事先決定。相對的，若是單點，由於不知道當天客人會點什麼魚，店家需要準備許多不同種類的魚。也就是說，單點的點餐方式不但成品率低，利潤更是差。因此現在放棄單點的壽司屋越來越多了。

所以我這幾次去東京，一定會去位於銀座、一九三七年開業，由八十多歲的矢崎桂親方坐鎮的HOKAKE壽司（ほかけ寿司），這大概是銀座碩果僅存、能以單點方式點餐的高級壽司店了。

在台北，旨樂完全可以用單點方式點餐，十分難能可貴。而去吃野村壽司的話，我則是早和野村師傅達成共識，先吃他出的品項，晚點再讓我選自己要吃的鮨種。

壽司泡沫經濟

二〇一〇年之後，別說是日本了，連亞洲其他國家的壽司店數量也開始暴增。現在，我們去看日本食べログ之類的美食評論網站，總會看到一大排三萬円以上的無菜單壽司屋，要是再加了酒錢，買單時至少四萬円跑不掉。這種情形，早川光稱之為「壽司泡沫化」（鮨バブル）。

根據早川光先生的回憶，十多年前，無菜單壽司屋超過三萬円只是少部分，二十年前則幾乎沒有。造成壽司泡沫化這個現象，常被歸因於氣候異常所造成的高昂魚價。的確，媒體有報導，海水溫度升高造成竹莢魚與秋刀魚捕獲量大減，但是早川光在二〇一五年就注意到無菜單壽司屋的價格上揚，詢問壽司師傅時，就已經聽過「魚價一直漲真是困擾」這樣的回答了。然而，他所知道漁獲量大減的新聞，卻是二〇一七年之後才出現的。也就是說，早川光認為，壽司屋的價格暴增並不單單只是因為漁獲量下跌所造成的魚價上揚，帶動壽司屋價格變高的潛在原因，應是越來越多外國旅客造訪東京壽司店。其中一個重要的時間點，就是前文提到安倍晉三招待歐巴馬吃壽司的時候。

在媒體的推波助瀾之下，許多有錢的外國人到了東京非得去高級壽司店吃上一回才甘心。而且這一群有錢的外國吃貨，多半毫不猶豫的為了好吃的東西可以一擲千金。二〇一五年之後，銀座高級壽司店的吧台幾乎被這些外國人所占據。這些客人以來自紐約、香港和新加坡的最多。但是，他們之中許多人原本並沒有那麼熱愛壽司，只是為了追星而吃，這也帶給許多老客人困擾。

黑鮪大腹、海膽和香箱蟹等深受外國人喜愛的高級食材爭相進貨，從而造成了市場價格的暴漲。然而，就算壽司賣得越來越貴，這些來自海外的饕客卻有增無減，更使得壽司屋的行情水漲船高。於是，壽司泡沫經濟於焉開始。

除此之外，讓壽司泡沫經濟推波助瀾的，還有像是臉書、推特和ＩＧ等社群媒體。壽司屋的客人將照片上傳到這些社群媒體，和飲食導覽或雜誌比起來，更有即時性與真實性。那些在社群媒體蔚為話題的店家，也會迅速的紅起來，形成預約困難。其中影響最大的，莫過於二〇一四年推出日語版的ＩＧ了。

ＩＧ約莫在二〇一六年的時候，在日本爆炸性的流行起來。眾所皆知，它與其他社群媒體最大的不同，在於它強調和重視視覺。大量的照片與壽司泡沫的高級食材正好一拍即合。二〇一七年，日本出現了「インスタ映え」（使用ＩＧ美化照片）的流行語。由於ＩＧ的特性，就算是看不懂日文的外國人，也可以完全不看文字的介紹和評價，看到拍起來令人垂涎欲滴的黑鮪大腹、鮑魚或海膽，就立刻鬼迷心竅的在網路訂位了。不但如此，還有人把自己吃的套餐價格得意揚揚的po在網路上，讓人產生「越貴的店越讚」的錯誤印象，影響了不少淺薄的食客。

早川光發現，和其他的餐飲業比起來，壽司屋的成本是比較高的。銀座和六本木的租金自是不在話下，要在如此高級的店面接待客人的外場，也不能是等閒之輩。更重要的是，在無菜單壽司套餐化的趨勢下，要準備個十人份左右的烤魚、茶碗蒸或是其他熱食，內場的廚房至少還需要兩人以上的人手才有可能，和那種甚至只需要板前一個人捏壽司的傳統壽司店相比，人事費自然負擔大得多。以吧台和個室加起來十個人的店來說，如果加上師傅之後內場四人，加上外場二～四人，一個人一個月薪水二十五萬円的話，一個月人事費就要兩百萬円。一個月營業二十五天，等於一天的人事費就要約八萬円，這樣無菜單壽司店的價格，自然不可能控制在兩萬円、甚至一萬五千円左右。

在全球疫情影響之下，除了外國遊客銳減外，接二連三縮短營業時間的要求，也造成營業額大降，讓許多的壽司屋陷入困境。這讓早川光認為，壽司屋的泡沫化已然發生。因為，就算是疫情消退，入境消費要回到二〇一九年的數字，多半也需要好幾年的時間。在這樣的狀態下，想和以前一樣把價錢訂得那麼嚇人，也許不太可能了。當然，要回到十、二十年前的價格，也是同樣不可能。台灣由於疫情嚴重時沒有限制餐廳必須提早打烊，加上不能出國，許多餐廳反倒業績長紅、一位難求。至於要如何淘汰那些漫天開價的壽司店，就要靠消費者的理性判斷了。

參考資料

1 切仔麵——最普及的古早味

●焦桐，《臺灣味道》，台北市：二魚文化，2009。

2 豬的內臟可不能「黑白切」

●〈The Offal-Eater's Handbook: Untangling the Myths of Organ Meats〉，https://www.eater.com/2015/6/16/8786663/offal-organ-meat-handbook-cuts-sweetbreads-tripe-gizzard

●〈An A to Z of offal〉，https://www.theguardian.com/lifeandstyle/2011/aug/12/an-a-to-z-of-offal

●〈Top50 MOST POPULAR OFFAL DISHES in the world〉，https://www.tasteatlas.com/50-most-popular-offal-dishes-in-the-world

●〈豚のコブクロとは？カロリーは？簡単下処理＆美味レシピも公開〉，https://shokulove.jp/topics/ca02/s07/0114?id=96

●〈あなたも豚ホルモン通！豚モツの部位別レシピや下ごしらえの方法〉，https://macaro-ni.jp/54857

●〈地味な雑学。「ホルモン」や「もつ」という呼び方の由来をまとめてみました。〉，https://wbsk.jp/knowledge/name.html

- 周松芳，《嶺南飲食文化》，香港：開明書店，2020。
- 曾齡儀，《沙茶：戰後潮汕移民與臺灣飲食變遷》，台北：前衛出版社 2020。

6 薑母鴨——台人的藥膳食補

- 行政院農業委員會全球資訊網「鴨主題館 - 農業知識入口網」，https://kmweb.coa.gov.tw/subject/index.php?id=41
- 陳靜宜，〈薑母鴨的尋味之旅〉，料理．台灣，https://ryoritaiwan.fcdc.org.tw/article.aspx?websn=6&id=5903
- 蔡珮緹，〈臺灣薑母鴨及其產業之研究〉，國立高雄師範大學台灣歷史文化及語言研究所，2015。
- 〈嫩薑、粉薑、老薑、薑母　薑的背景知多少？〉，https://1applehealth.com/info/42256321
- 蔡文婷，〈紅標米酒的百年傳奇〉，台灣光華雜誌，https://www.taiwanpanorama.com.tw/Articles/Details?Guid=0a29fa7b-7136-4ead-a1fb-fd99d6a73f29

7 菜脯蛋——台灣桌菜第一名

- 中文百科 蘿蔔，https://www.newton.com.tw/wiki/%E8%98%BF%E8%94%94
- 花心大蘿蔔！為什麼是蘿蔔？——台灣好農部落格，https://blog.wonderfulfood.com.tw/2015/01/12/%E8%8A%B1%E5%BF%83%E5%A4%A7%E8%98%BF%E8%94%94%EF%BC%81%E7%82%BA%E4%BB%80%E9%BA%BC%E6%98%AF%E8%98%BF%E8%94%94%EF%BC%9F/

- BIO-WEB OF ZELL，https://biowebofzell.weebly.com/3436734068.html
- 農友種苗股份有限公司，http://www.knownyou.com/index.jsp?bodyinclude=PRODUCTLIST&cid=39E702FFFA9AFC3349ACA5E421F1FBB8C062
- 〈「好彩頭」白蘿蔔，挑選好吃的要「倒頭栽」！〉，https://food.ltn.com.tw/article/4126
- 〈蘿蔔的種類有哪些？蘿蔔如何保存？〉，https://kknews.cc/zh-tw/agriculture/l8rgolb.html
- 〈趣說蘿蔔：歷史悠久的「當家蔬菜」，一口氣看完蘿蔔的文化地位！〉，https://kknews.cc/zh-tw/culture/n6y6r98.html
- 〈萊菔根鬆縷冰玉：淺析中日文物中的蘿蔔文化〉，https://kknews.cc/n/q9zm32y.html
- 陳夢雷，《欽定古今圖書集成》，https://zh.wikisource.org/zh-hant/%E6%AC%BD%E5%AE%9A%E5%8F%A4%E4%BB%8A%E5%9C%96%E6%9B%B8%E9%9B%86%E6%88%90/%E5%8D%9A%E7%89%A9%E5%BD%99%E7%B7%A8/%E8%8D%89%E6%9C%A8%E5%85%B8/%E7%AC%AC070%E5%8D%B7
  AYAKO KOMATSU，〈透過蔬菜綿延傳承的「故事」——「江戶東京蔬菜」〉，https://shun-gate.com/zh/roots/roots_56.html
- 〈聽台菜說故事／菜脯蛋 台灣比薩傳奇〉，https://tw.aboluowang.com/2011/0312/198589.html
- 〈細說台菜／菜脯雞湯 陳年老菜脯滋味更勝人蔘〉，https://news.xinmedia.com/news_article.aspx?newsid=221190&type=1&collectionid=179
- 〈陳年老菜脯越黑越好吃？古早味台式菜脯好多種！〉，https://food.ltn.com.tw/article/7439

- 〈古代エジプトで食べられていた!? 大根の意外な歴史〉，https://www.olive-hitomawashi.com/column/2017/08/post-410.html
- 〈江戸時代は100種以上、日本人と大根の根深き関係〉，https://jbpress.ismedia.jp/articles/-/54609
- 〈江戸時代は100種以上、日本人と大根の根深き関係～白くて太い野菜の多様性に迫る（前篇）〉，https://www.foods-ch.com/shokuhin/1542591235934/
- 〈ダイコン（大根/だいこん）の品種と特徵〉，https://foodslink.jp/syokuzaihyakka/syun/vegitable/daikon4.htm
- 〈大根の品種一覧〉，https://www.yasainavi.com/list/daikon
- 〈守口大根と守口漬〉，http://www.tsukemono.sakura.ne.jp/moriguchi.html
- 〈練馬大根誕生伝説：練馬区公式ホームページ〉，https://www.city.nerima.tokyo.jp/kankomoyoshi/annai/fukei/daikon/daikontoha/densetsu.html
- 〈瀕死の徳川綱吉の命を救ったのは大根だった〉，https://www.kk-bestsellers.com/articles/-/10470
- 〈どうして練馬大根は細くて長いの?〉，http://www.hatakenokyoshitsu.org/wp/?page_id=375
- 〈桜島大根のレシピ〉，https://www.city.kagoshima.lg.jp/seisanryutu/sangyo/norin/recipe/daikon/index.html
- 〈大根市場の大半を占める【青首大根】ってどんな大根?〉，https://www.olive-hitomawashi.com/column/2019/08/post-5930.html

● 〈「豚汁」と「味噌汁」の違いとは？「けんちん汁」との違いもご紹介〉，https://celestia358.luxe/371

● 〈ぶり大根〉，http://kyoudo-ryouri.com/food/1431.html

● 〈Varieties Of Radish: Guide To Different Types Of Radishes〉，https://www.gardeningknowhow.com/edible/vegetables/radish/types-of-radishes.htm

● 〈The Many Types of Radishes Different Sizes, Colors, and Tastes From Around the World〉，https://www.thespruceeats.com/radishes-from-tiny-to-giant-4099087

● 〈Oriental Radish (Daikon) - Evergreen Seeds〉，http://www.evergreenseeds.com/orientalradish.html

● 〈The Radish – A Little History and Some Growing Instructions〉，https://harvesting-history.com/the-radish/

● 〈Chonggak Kimchi（총각 김치）– Ponytail Radish Kimchi〉，https://www.everybunnyeats.com/chonggak-kimchi-ponytail-radish-kimchi/

● 〈Icheon Gegeolmu〉，https://www.fondazioneslowfood.com/en/ark-of-taste-slow-food/icheon-gegeolmu-2/

● 〈History of Sinigang – taylormaighdlin〉，https://taylormaighdlin.wordpress.com/2014/05/12/history-of-sinigang/

8
餃子的離散史

● 〈破五吃餃子：你不知道的傳說！〉，https://kknews.cc/essay/xp2gyzo.html

● 〈形如偃月 天下通食也！〉，https://kknews.cc/zh-tw/food/b5xyabj.html

- 〈冬至了，來講講餃子的歷史吧！它與餛飩都有哪些關聯？〉，https://kknews.cc/zh-tw/history/4z3naq3.html
- 〈從出土餃子窺見古人飲食文化〉，https://kknews.cc/food/zkazz3l.html
- 〈今天是冬至，餃子居然可以吃得這麼嚇人！南方人暈倒一片〉，https://kknews.cc/society/egeq4jr.html
- 〈高貴魚種，閩南地區排名第一的海魚，肉質細緻鮮美，一斤一百多〉，https://kknews.cc/zh-tw/food/44repqq.html
- 〈燕魫魚與鮐魫魚的區別？〉，https://www.juduo.cc/club/2781651.html
- 《餐桌上的節日》餃子──CCTV紀錄，https://www.youtube.com/watch?v=3bveYQqDLA
- 《味道》風味中國年 第一集 探尋餃子背後的春節密碼，https://www.youtube.com/watch?v=tbdpy1gC9Dc
- 《百家講壇》舌尖上的歷史 2 餃子的故事，https://www.youtube.com/watch?v=UdE66EUiVMw
- 《舌尖上的中國 3》甜曬魫魚水餃，https://www.youtube.com/watch?v=iPNChfD4h1E
- 《生財有道》米餃香 酥梨甜 咱們家鄉生財忙，https://www.youtube.com/watch?v=IUvOGfcnUvA
- 〈南寧：老甘粉餃〉，廣西廣播電視臺官方頻道，https://www.youtube.com/watch?v=Kb8vendjJng
- 〈中華飲食文化，流行一方的餃子吃法，黃巢故里砂鍋餃〉，https://kknews.cc/zh-tw/food/lmqrqje.html
- 〈頂著水晶餃之名～老台南的水餃〉，http://care.cdnnews.com.tw/news.php?n_id= 31&nc_id=99381

● 趙建民，《中國人的美食——餃子》。濟南市：山東教育出版社，2017。

● 唐魯孫，《酸甜苦辣鹹》，台北：大地。

9 獅子頭——最受歡迎的淮揚菜

● 陶煜，〈大俗大雅獅子頭〉，https://kknews.cc/zh-tw/food/zxblrq.html

● 〈美日一食：不是所有的丸子都叫獅子頭〉，https://kknews.cc/food/p4p59kj.html

● 〈四喜丸子和獅子頭的區別有哪些 四喜丸子是哪個地方的菜系》〉，https://kknews.cc/zh-tw/food/lxlb4x9.html

● 〈同樣是肉丸，"獅子頭"與"四喜丸子"為啥不一樣，區別在哪裡？〉，https://www.youmelive.com/meishi/273630.html

● 〈一碗霸氣的獅子頭，原來如此有講究〉，https://kknews.cc/zh-tw/food/arkbog.html

● 〈獅子頭的編年和俎技史〉，https://kknews.cc/zh-tw/food/3bj6z9a.html

● 〈杭州人最愛吃的美食——筍〉，https://www.lookvin.com/article/news/detail-52964.html

● 〈花一開，就該吃春菜了〉，https://new.qq.com/omn/20210314/20210314A0745D00.html

● 〈春天第一湯醃篤鮮，用鹹肉還是火腿？記住「3做1不做」湯才鮮美〉，https://kknews.cc/zh-my/food/3y5z383.html

● 逯耀東，《出門訪古早》，台北市：東大，2019。

11 宮保雞丁——千香百味的四川菜

● 〈論雞的烹飪，只服貴州辣子雞！訣竅在它，國寶級黔菜大師為你展示！〉，https://read01.com/zh-tw/5MAxm04.html#.YVBE6LgzZaQ

● 劉建偉，《味道春秋》，北京市：旅遊教育出版社，2016。
● 向東，《食悟：千滋百味話川菜》，新北市：賽尚圖文，2011。

12 東北燒烤與宜賓把把燒

● 〈燔炮爇炙十八般廚藝，看古人如何點亮夜間經濟〉，http://gz.people.com.cn/BIG5/n2/2020/0806/c370110-34209119.html
● 〈中國燒烤地圖！來看看中國各地特色燒烤吧，你家鄉是什麼燒烤？〉，https://twgreatdaily.com/xQwsX2wBUcHTFCnfuVli.html
● 〈鮮嫩味美的「羅布羊」〉，https://kknews.cc/zh-tw/food/3yzamy3.html
● 美食中國，《回家吃飯》〈齊齊哈爾烤肉鮮嫩多汁 烤荷葉雞鮮香美味〉，https://www.youtube.com/watch?v=HkqOyW6M6po
● 〈人生一串之烤羅布全羊〉，https://kknews.cc/zh-tw/food/5oj3jy3.html
● 〈四川燒烤五大流派大解析！熱愛擼串兒的你未必知道〉，https://www.sohu.com/a/227604618_120237
● 〈最接地氣的《四川燒烤圖鑑》，看完我餓了！〉，https://kknews.cc/zh-tw/food/lmexjjz.html
● 〈烤雞屁股、豬牙床、豬括約肌，獵奇的雲南燒烤你敢吃嗎？〉，https://daydaynews.cc/zh-tw/food/208490.html
● 〈把把燒，吃的情懷，燒的是江湖〉，https://kknews.cc/zh-mo/food/ab3emmv.html
● 〈火上飄香把把燒，成都吃貨最近晚上都喜歡吃這個〉，https://kknews.cc/zh-tw/food/gb2bn9e.html
● 〈包漿豆腐 最是一口難忘紅河味〉，https://kknews.cc/zh-tw/food/gvxggx8.html

●〈老宜賓美食探尋（六）宜賓最雜勁的五花肉、把把燒來襲，好吃得飛〉，https://kknews.cc/food/gq2x4e.html
●〈宜賓、樂山、石棉、西昌燒烤大 PK，在成都燒烤界誰纔是扛把子？〉，https://www.xuehua.us/a/5ec2b2e046be1ccd5a2bce5b?lang=zh-tw
●〈中國「烤界」的「大當家」——石棉燒烤〉，https://kknews.cc/zh-tw/food/emxjonq.html
●《生一串》第一集〈無肉不歡〉，https://www.youtube.com/watch?v=6_AWmwa7ndw
●賈思勰著，繆啟愉、繆桂友譯註。《齊民要術》。上海：上海古籍出版社，2016。
●袁燦興，《大清皇帝請我吃頓飯》，台北市：大是文化，2020。

13 牛丼、親子丼、鰻魚丼

●〈丼の歴史－全国丼連盟〉，http://don.or.jp/text/history/
●〈江戸時代から愛される"丼"の魅力とは？〉
●〈どんぶりの由来とは？歴史と知られざるどんぶりの種類を紹介〉，https://www.olive-hitomawashi.com/column/2020/02/post-8936.html
●〈明治時代から庶民の味方だった「牛丼」どんぶりで受け　がれる文明開化の味〉，https://jbpress.ismedia.jp/articles/-/35173
●〈どんぶり鉢の由来〉
●〈牛丼３社／９月既存店３社そろって減〉，https://www.ryutsuu.biz/sales/m100617.html
●〈都道府県別牛丼チェーン店舗数〉，https://todo-ran.com/t/kiji/23276

● 〈【すき家・吉野家・松屋】各チェーンの牛丼、食べ比べてみた！〉，https://news.mynavi.jp/article/20210815-1936910/
● 曾品滄，〈日式料理在臺灣：鋤燒（スキヤキ）與臺灣智識階層的社群生活（1895-1960年代）〉，《臺灣史研究》第二十二卷第四期，中央研究院臺灣史研究所，民國一〇四年十二月，頁1-34。
● 飯野亮一。《天丼　かつ丼　牛丼　うな丼　親子丼――日本五大どんぶりの誕生》。東京都：筑摩書房，2019。
● 松下幸子，〈卵料理考〉，https://www.jstage.jst.go.jp/article/cookeryscience1968/20/4/20_319/_pdf
● 〈「卵、食べてもいいんだ」と気づいた日本人〉，https://jbpress.ismedia.jp/articles/-/46293
● 〈進化した「親子丼」がふわとろ～！親子丼の誕生歴史も紹介〉，https://amanoshokudo.jp/season/9283/
● 〈親子丼の発祥は？意外な誕生秘話に迫る！〉，https://topics.tbs.co.jp/article/detail/?id=213
● 〈鰻雜學――うな繁〉，http://www.unasIGe.com/unagizatugak-ho-1-jinjyabukkakumeisyozue.html
● 〈山谷重箱を歩く〉，http://www.tokyo-kurenaidan.com/jyubako-yaozen1.htm
● 〈日本の文化―割り箸の歴史とその現状〉，https://www.pack-kimura.net/useful/article108830/

●〈森の雑学：知っているようで知らなかった割り箸の話〉，https://watashinomori.jp/study/zatsugaku_06.html
●飯野亮一、陳令嫻譯，《蕎麥麵、鰻魚、天婦羅、壽司：江戶四大美食的誕生》，台北：臺灣商務印書館，2019。

14 無菜單壽司為什麼越賣越貴

●〈2019年、鮨バブルは続行中！知っておくと大人な、東京の鮨事情を3分で解説！〉，https://tokyo-calendar.jp/article/14402
●〈大いにおまかせ、これを機に寿司バブルが崩壊するかも〉，https://ameblo.jp/jiGenace/entry-12615140633.html
●長山一夫，《江戸前鮨 仕入覚え書き》，東京都：ハースト婦人画報社，2004。
●一志治夫，《旅する江戸前鮨「すし匠」中澤圭二の挑戦》，東京都：文藝春秋，2018。
●早川光，《新時代の江戸前鮨がわかる本 訪れるべき本当の名店》，東京都：ぴあ株式会社，2021。
●中原一歩，《「㐂寿司」のすべて。～本当の江戸前鮨を食べたことがありますか？》，東京都：プレジデント社，2020。
●藤原昌高著，洪玉樹、鍾瑞芳譯，《壽司圖鑑》，新北市：康鑑文化，2013。

國家圖書館出版品預行編目 (CIP) 資料

尋食記：鞭神老師的超時空台灣美食 / 鞭神老師（李廼澔）作. -- 初版. -- 臺北市：遠流出版事業股份有限公司, 2021.11

面； 公分

ISBN 978-957-32-9338-5(平裝)
1. 飲食風俗 2. 臺灣

538.7833　　110016952

尋食記

鞭神老師的超時空台灣美食

作者　鞭神老師（李廼澔）
總監暨總編輯　林馨琴
責任編輯　楊伊琳
行銷企畫　陳盈潔
封面設計　ayen
內頁設計　王瓊瑤
插畫　木口子

發行人　王榮文
出版發行　遠流出版事業股份有限公司
地址　台北市中山北路一段 11 號 13 樓
電話　02-2571-0297
傳真　02-2571-0197
郵撥　0189456-1
著作權顧問　蕭雄淋律師
2021 年 11 月 1 日初版一刷
定價／新台幣 360 元
ISBN 978-957-32-9338-5

遠流博識網 http://www.ylib.com.tw
E-mail: ylib@ylib.com

尋食記
鞭神老師的超時空台灣美食

【本券使用方法】

◆有效期限：2021/10/25 ~ 2021/12/30
◆本券若有破損、逾期、影印者皆無效
◆本優惠不得兌換現金、限兌換乙次
◆使用本券前請事先告知欲使用此次優惠

遠流

尋食記
鞭神老師的超時空台灣美食

【本券使用方法】

◆有效期限：2021/10/25 ~ 2021/12/30
◆本券若有破損、逾期、影印者皆無效
◆本優惠不得兌換現金、限兌換乙次
◆使用本券前請事先告知欲使用此次優惠

遠流

尋食記
鞭神老師的超時空台灣美食

【本券使用方法】

◆有效期限：2021/10/25 ~ 2021/12/30
◆本券若有破損、逾期、影印者皆無效
◆本優惠不得兌換現金、限兌換乙次
◆使用本券前請事先告知欲使用此次優惠

遠流

尋食記
鞭神老師的超時空台灣美食

【本券使用方法】

◆有效期限：2021/10/25 ~ 2021/12/30
◆本券若有破損、逾期、影印者皆無效
◆本優惠不得兌換現金、限兌換乙次
◆使用本券前請事先告知欲使用此次優惠

遠流

尋食記・饗食優惠券

東北軒酸菜白肉鍋

憑券內用，享九折

地址：臺北市長春路106號
電話：02-2523-8880

尋食記・饗食優惠券

旨樂握壽司專門店

憑券內用，招待

味自慢「旨三味」一貫

地址：臺北市忠孝東路三段217巷4弄16號
電話：02-2711-9281

尋食記・饗食優惠券

老胖東北炭烤

憑券內用，招待

蒜蓉生蠔兩顆/蒜蓉扇貝兩顆(二選一)

地址：臺北市市民大道四段129號
電話：02-2577-7119

尋食記・饗食優惠券

一戶手作水餃

憑券門市自取消費，享九折

地址：臺北市富錦街525號
電話：02-2761-6223